［文鮮明先生 み言集］

真の愛の生活信条

愛天 愛人 愛国

光言社

真の愛の生活信条・愛天愛人愛国　目次

第三章　国を愛する生活……99

序章　天を愛し、人を愛し、国を愛する生活

天が期待する生活とは

今まで私たちは、いい加減に生きてきて、言葉もいい加減に話してきました。しかしこれからは、私たちの家庭でも規律を立てなければなりません。これからは、すべてが一新されなければなりません。神様を中心として、言葉から、態度から、生活から一新された立場に立たなければならないのです。（二八―二五二、一九七〇・一・二二）

天は何を待ち焦がれているのでしょうか。信仰者を待ち焦がれているのではなく、生活の中で実践する者を待ち焦がれているのです。（六―八四、一九五九・三・二九）

祝福家庭は、天に侍る生活で手本にならなければならず、献金、敬拝式、伝道な

どを生活化しなければなりません。（三五―三二二、一九七〇・一〇・三〇）

皆さんが生活するにおいて、どれほど模範的な生活をし、対人関係においてどれほど模範的な関係を結んでいるかということが、子女の教育に大きな影響を与えます。ですから、公的な生活をしなければなりません。（三一―二六八、一九七〇・六・四）

私たちが日常生活で対していることは、おおよそどのように区分されるのでしょうか。一番目は物に対すること、二番目は人に対すること、三番目は言葉に対することです。

ですから、物に対する関係において天法に引っ掛かってはいけません。対人関係においても、言葉においても引っ掛かってはいけません。その話したことに対して引っ掛からないようにするためには、必ず行動しなければなりません。言葉は行動の動機になるので、話したことに対して引っ掛からないようにしなければなりませ

ん。（四〇—二八〇、一九七一・二・七）

霊界は、み言《ことば》を中心として生活する所です。毎日生活するすべてのことがみ言によって動く所が霊界なので、地上でそのような訓練をしなければなりません。み言が嫌いな人は、御飯を食べてはいけないというのです。この世の御飯よりもっとおいしく食べなければならないのが霊的な糧です。霊的に永遠な糧であるので、永遠に続く味を味わえるよう、私たちの制限された地上における生活から訓練されなければなりません。（二九六—二二七、一九九八・一一・二〇）

イエス様は、人間を愛する心に徹していたと同時に、生活的な面においても、人のために生きる奉仕の生活をしました。万民のためになることならば、自分がサタンに裂かれて祭物になることがあっても、一身のすべてのものを忘れ、犠牲と奉仕の道へと進んでいかれたのです。（三一—一一七、一九五七・一〇・一三）

私たちが生活する一日の朝、昼、夕、夜を季節で見れば、春夏秋冬を縮小させたものです。朝は春に該当し、昼は夏に該当し、夕は秋に該当し、夜は冬に該当します。このように、一年の四季に代わるこの一日を、どのように生活すれば、お父様が私に感謝できる生活になるのでしょうか。それは、私たちがお父様に対する孝の道理を果たし、忠の道理を果たすことではないでしょうか。

このような立場で、私たちは、早朝に起きれば、「人類の代身としての存在である私の一日の生活が、お父様の前に感謝の実体になるようにしてください」と祈りながら、花の咲く春の季節のように自由な園で、お父様が私を立てて摂理なさり得る希望の実体になろうと考えるのです。

昼になって職場に出ていれば、希望の結実体が育つ夏の季節のように、自分がもう一歩発展し、神様が共にいらっしゃる価値をもった存在になろうと考えなければなりません。

また、夕方になれば、全体を集約させた一つの結実をお父様の前に捧げられる、秋の季節のような時なので、祭物になれる立場に立とうと考え、冬の季節に該当する夜には、生命力を備えて神様と内在的な父子の因縁を結び、すべての気を受け入れられる自分になろうと考えなければなりません。

そのように、一年三百六十五日を勝利の日にしながら感謝する生活をする人がいるとすれば、その人は、父と関係を結んで暮らす生活をしている人です。そのような人は、間違いなく一生を感謝する生活で送ることができるのです。このような人が、死の場においても、神様に感謝する心が残るのです。

一日をそのように生きなければならず、一年をそのように生きなければならず、私たちの一生も、そのように生きなければなりません。私たちの一生にも、少年時代、青年時代、壮年時代、老年時代があります。これは、一日の朝、昼、夕、夜、一年の春夏秋冬と同じです。ですから、一生をそのように生きていった人であってこそ、神様が人間を創造されたその創造本然の目的に合格した、一つの勝利的実体

になるのです。（二九―三三八、一九七〇・三・一四）

「愛天愛人愛国」の意味

天を愛し、人を愛し、国を愛する教育をしたいと思ったのです。私は仙和《ソンファ》芸術学校を作り、「愛天、愛人、愛国」というとても大きな揮毫《きごう》を残しました。（『平和を愛する世界人として』一六五頁）

私の教育理念は、仙和芸術学校を建てたときと同じく、天を愛し、人を愛し、国のために働く人材を育てることです。学校は、真理を教える聖所《せいじょ》のような所です。学校で教えるべき最も重要な真理は何でしょうか。一つ目は、神様を知って、その存在を現実の世界に顕現させることです。二つ目は、人間存在の根源を知り、自分の責任を果たし、世界の運命に責任を持つことです。そして、三つ目は、人類の存在目的を悟り、理想的な世界を建設することです。（『平和を愛する世界人として』二九四頁）

「一心一体一念」の「一心」とは何かというと、「愛天」です。天を愛しなさいということです。「一体」とは「愛人」です。人類を愛しなさいということです。「一念」は「愛国」です。「愛国」は国を愛しなさいということです。国は家庭を拡大したものです。ですから、家庭を愛しなさいということなのです。男性と女性がもつすべての願いの骨子であり、主流は、「一心一体一念」の思想です。「一心一体一念」は、神様と天宙人の主流思想なのです。「天宙」というのは神様の家なので、万物世界や天地がすべて入るのです。ですから、「一心一体一念」は、天宙人の主流思想です。（二〇〇二・六・一一）

「愛天」の「天」は、抽象的なものではありません。そこにも国があるのです。

地上の国と同じように、天の国にも主権があり、国民がいて、国土があります。

天の国であれ、地の国であれ、それが形成されるときは、神様御自身がこれをつくるのではありません。それは、「人」を通してつくられるのです。それはどういうことかというと、天があり、地があれば、その間に「人」がいることによって初めて天の国が形成され、地の国が形成されるということです。

そして、それらが形成されるとき、何によってこれらが連結されるかといえば、真《まこと》の愛によって連結されるのです。「天」も真の愛が必要であり、「国」も真の愛が必要であり、「人」も真の愛が必要です。

それでは、どのような人でも真の愛が必要だとすれば、愛する家庭をもたざるを得ません。愛する家庭をもつことによって、愛する父母がもて、愛する祖父母がもて、愛する妻をもて、愛する子女をもてるのです。

そして、そのような家庭を通して氏族ができ、氏族を通して民族ができ、民族を通して国家、さらには世界が形成されます。このように考えれば、家庭が中心であることが分かります。したがって、天と地の二つの世界を連結できるのは、神様でもなく、この国でもなく、「人」です。そして、「人」は家庭から出発するので、「天」と「地」の国が形成されるとき、その根本単位となるのが家庭なのです。（二六三―二九九〜三〇一、一九九四・一〇・二七）

神様を愛することにより、私の人生は変わりました。自分よりも人類をもっと愛し、私と私の家族よりも人類の苦痛を先に考える人になったのです。また、神様がつくられたすべてのものを愛そうと努力しました。山にある木を愛し、水にいる魚を愛する心で見ました。世の中のすべてのものから神のみ手を感じようと、触覚を鋭敏にしました。（『平和を愛する世界人として』三二七頁）

宗教の最高標準とは何でしょうか。神様を愛することです。その次には、人を愛することであり、その次には、万物を愛することです。皆さんが物を節約し、質素

に暮らそうとすることも、すべて宗教に起因するのです。(三五―四六、一九七〇・一〇・三)

自然を愛し、人を愛せなければなりません。人を愛せず、自然を愛せない人は、神様を愛せません。万物は神様の象徴的存在であり、人間は実体的存在なので、万物と人間とを愛せる人は、神様を愛するようになるのです。(七〇―一八二、一九七四・二・九)

第一章　天を愛する生活

一、天に侍る生活

家庭祭壇

「信仰」というのは、神様に侍る生活、侍りながら一緒に暮らす生活です。これをいつも考えていなければなりません。信仰生活は、天をお迎えして一緒に暮らす生活です。（二七七―一六、一九九六・三・一七）

皆さんが家庭をもったとすれば、必ずそこには神聖な聖所《せいじょ》がなければなりません。昔、エルサレムの聖殿に聖所と至聖所があったように、至聖所のような、実際に侍る所をつくらなければなりません。（一五〇―二一四、一九六一・四・一五）

聖殿がなければならず、祭壇がなければならず、民がいなければなりません。祭壇は民のためにあるものであり、祭物と祭司長は天地のためにあるのです。（一一―二三、一九六一・七・一七）

祭壇をつくり、常にきれいに掃除しておかなければなりません。（一五―三一八、一九六五・一二・七）

愛の祭壇を築かなければなりません。愛の祭壇を築き、犠牲の祭物を捧げなさいというのです。多くの人は必要ありません。それが何かというと、皆さんの家庭です。皆さんの家庭が祭壇であり、皆さん自身が供え物です。（一九五―一五六、一九八九・一二・一）

お写真

真《まこと》の父母の写真を掲げて侍ることによって、その場が、先祖たちが来て侍る祭壇になるのです。（二一九―九一、一九九一・八・二五）

すべての家庭に先生の尊影を与え、旗を与えたのは何のためですか。それは実体で父母に侍るのと同じであり、実体の国の旗を掲げるのと同じです。ですから貴いのです。その家庭は、神様が保護されるようになっています。自分のすべての先祖たち、そして霊界にいる自分の親戚《しんせき》とすべての善霊たちが、霊界に入っていかずに、ここを地上基地としていくらでも拡張することができるのです。一族がいるので、それが可能なのです。そのようになれば、サタン世界が占領していた基地を、あっという間に占領してしまうでしょう。（二三四―一七三、一九九二・八・一〇）

真の父母様の尊影は、真の父母様の実体と同じなので、その前でいい加減な話をすることはできません。息子、娘をたたくことはできず、夫婦げんかもできないのです。悪い行動ができないので、家庭が和合して喜ぶようになるのです。そして、真の父母様の尊影を掲げることによって、その家庭に霊界の先祖たちが協助できる基台が備わります。アダムとエバが結婚するとき、神様が降りてこられるのと同じように、完成時代に入っていくので、皆さんの先祖たちが皆さんの家庭を中心として活動するのです。（二三三―九八、一九九二・七・三〇）

真の父母様の写真を掲げておけば、どのようなことが起きるのでしょうか。過去、現在、未来の統一が起きるのです。そのことによって、霊界にいる先祖たちが、子孫たちが目覚める前に、早朝三時になればそこに来て、敬礼式をするというのです。この地に来て敬礼式をすれば、そのまま行きません。そのまま行かないのです。地上にいる自分の一族を守りながら、地上で一緒に暮らすのです。（二一三―四九、一九九一・一・一三）

先生の写真を持ち歩けば、どんな苦難に遭っても、無事に保護してもらえるでしょう。モーセがイスラエル民族をエジプトのパロのもとから脱出させ、カナンへ導くために奇跡を行う時、長子が患難に遭い、病気になって死にましたが、羊の血を門に塗った家は、その患難がみな避けていったのです。霊界は、私たち人間のすべての行動を見ることができるだけでなく、保護もしてくれます。（一三〇―二九〇、一九八四・二・七）

二、祈り

「家庭盟誓《カヂョンメンセ》」

祈りの中で、最高の祈りは「家庭盟誓」です。「家庭盟誓」は、真の父母様の戦勝記録です。侍義時代である成約時代の教えを授ける法度です。「家庭盟誓」は、真の愛を骨とし、真の家庭を心臓として立て、皆様の人生を神様と連結させてくれる橋です。（二〇〇七・六・一三）

「家庭盟誓」は、すべての原理の内容を中心として、家庭編成に適した核心的内容を抜粋して記録したものです。そのようなものであることを知って、皆さんは、祈る前に必ず盟誓文を暗唱し、現在の自分自身と自らの家庭の状態が盟誓文のとおりになっているか、いないかをただきなければなりません。そして、盟誓文のとおりになっていなければ、すぐにそれを是正していかなければなりません。盟誓文のとおりに完成しなければなりません。（二六〇－三〇五、一九九四・五・一九）

「家庭盟誓」には、すべて真の愛が入ってきます。真の愛は、心と体が一つになり、夫婦が一つになり、子女と一つになったのちにおいてこそ成されるのであって、それ以外には成されません。祈祷会をする時は、毎回この「家庭盟誓」を暗唱してから祈らなければなりません。心と体が一つにならなくては、祈ることはできません。神様を「お父様」と呼ぶことはできません。（二六〇―一八六、一九九四・五・八）

毎日、「家庭盟誓」を暗唱し、朝起きた時、朝食を食べる時、昼食を食べる時、夕食を食べる時にそれを考えなければなりません。そして、寝る時に考え、「私は心と体が一つになり、夫婦が一つになり、子女が一つになることに精誠を尽くしただろうか」と反省しながら、これを毎日の生活の標準にしていかなければなりません。（二六六―一四三、一九九四・一二・二二）

祈り

愛を実践させる刺激を連続させるためには、祈りが必要です。ですから、祈りというものは、愛を実践するために必要なのです。祈りには、求める祈りがあり、報告の祈りがあります。求める祈りは決意の祈りであり、報告の祈りは感謝の祈りにならなければなりません。それが連続的に私を刺激します。それで祈りが必要なのです。（一二二―五九、一九八一・三・二九）

祈るときは、過去を悔い改め、現在を悔い改めるのです。率直でなければならないのです。「私は、以前このような人間でした。このようなときもあり、このようなときもありました」と悔い改めるのです。そして、このような罪悪のある私が、今日、この場に立てられたことに対して感謝の心をもたなければなりません。（三六―二〇、一九七〇・一一・二二）

祈りは、心情の補給倉庫です。時間がなければ、仕事をしながらでも祈りはできるのです。（二七―八五、一九六九・一一・二六）

皆さんがお祈りしようとすれば、一日の日課を始める前にしなければなりません。ですから、最も重要な時間がいつかというと、早朝です。この時間が、一日の勝敗を左右する重要な時間帯です。この時に祈りをしなければなりません。（三〇―一二二、一九七〇・三・二二）

祈るときは、おなかのすいた赤ん坊がお乳を慕うのと同じような、懇切な心であるのです。（一八―一八五、一九六七・六・六）

一人で静かな所に行き、月を見つめて感謝し、あらゆる自然と呼吸できる心霊的生活、祈祷生活が必要です。それは、御飯を食べることより、もっと貴いことです。（九四―一五五、一九七七・九・一）

祈りは、私が行く方向が間違ったとき、正しい方向に行くように導いてくれます。（四五－二四七、一九七一・七・四）

たくさん祈れば、一人で生活していても絶対に寂しくありません。祈りは、呼吸するのと同じです。祈りをたくさんすれば、霊的に明るくなります。また、鋭敏になり、善悪に対する分別力がつくのです。（三〇－二八二、一九七〇・四・四）

祈りの生活をすれば、言い表し得ない喜びが訪れます。その境地が、創世前の、神様の心の境地です。（二九－三二一、一九七〇・三・一三）

神様に祈ることは、自分の事情を報告することです。それで近くなるのです。そして、言葉だけでするのではなく、実践して報告するので、報告することが実績として残ります。残される報告なので、天が干渉して祝福をするのです。（一三三－一〇五、一

九九二・七・三〇）

帰ってくれば、善悪を正しく分別し、神様に正しく報告しなければなりません。このような面ではよくできた、このような面ではよくできなかった、このように報告するのです。（二五五―三一九、一九九四・三・一一）

家庭に何かあれば報告するのです。報告するとき、自分の意図や自分個人の感情を中心として報告するのではありません。率直に報告しなければなりません。良いことも悪いことも、すべて報告しなさいというのです。（五六―三五八、一九七二・五・一八）

三、み言《ことば》

み言

み言によって造られた人間が、み言を失ってしまったので、み言で再創造しなければなりません。それは、どのようなみ言ですか。天の愛のみ言であり、神様の生命のみ言であり、神様の血統のみ言です。（一九八―三〇、一九九〇・一・二〇）

私たちは、堕落した人間なので、再創造されなければならないのです。堕落によって、私の体に通じるみ言が離れてしまったのであり、私の心に通じるみ言も、私の心情と共に永遠に過ごすことができるみ言も、離れてしまったのです。ですから、人間は、み言、すなわち真理を求めなければなりません。（一九―二三五、一九六八・一・一五）

罪は、どこから始まったのでしょうか。神様のみ言を受け入れることができないところから始まりました。神様の無限のみ言を受け入れなければならなかったのが人間の責任だったのですが、その責任を果たすことができなかったのです。ですから今、み言を歓迎すべき安息地が、正に皆さんの心にならなければなりません。そうして、み言を中心とする実体を成さなければならないのです。(三—二六七、一九五八・一・一二)

訓読会

家庭が永遠に定着するためには、訓読会をしなければならないのです。これは霊的な糧です。肉的な糧を慕いおいしく食べて、初めて成長できるのと同じように、霊的な糧をおいしく食べてこそ成長します。このように家庭的に定着することによって、地上に解放が展開します。(二〇〇〇・四・二)

訓読会をするのは、きょう自分は何をしようという、各自が残すものを見つけるためにするのです。聞くためにするのではありません。生きるためにするのです。自分が主体になって、再創造の環境を拡張するためにするのです。ですから、毎日しなければならないようになっています。(三〇八―九四、一九九八・一一・二一)

訓読会をすれば天地が共鳴します。常に天と共にいることができる立場に立つのです。これは福の中の福です。皆さんが先生の説教集を読んでいけば、生涯において離れられません。それはなぜかというと、生命の根源がそこにあるので、離れられないのです。家庭ならば家庭の宝物であり、妻ならば妻の宝物であり、子女ならば子女の宝物であり、父ならば父の宝物であり、それが大きくなって国全体の宝物、人類全体の宝物となることによって、み言を中心として統一を成すことができるというのです。これが核心です。

ですから、皆さんは訓読会を重要視しなければなりません。毎朝、一時間ずつみ言を読めば、その日のすべての事柄や考え方が、とても明確になるのです。精神的な姿勢から明るくなります。先生が四十年も五十年も前に話した言葉ですが、時間的な隔たりがありません。そこには、その時の真剣さがそのままあり、み言に対する感情が常に生きているのです。（三〇九―一九二、一九九九・五・八）

『原理講論』

『原理講論』はただの本ではありません。その原理の裏側には心情があるのです。心情が伝統の基盤です。（二二四―三三六、一九九一・一二・二九）

『原理講論』を見れば、そこには神様の六千年の心情があるというのです。先生が一生の間に血を流しながら闘争した歴史が、そこにあるのです。皆さんの知らない内容がいくらでもあるというのです。そのような原理の本を一ページ一ページ読むたびに、夜を徹して祈祷しながら、ここに神様の心情を見いだすことができるはしごがあるのではないかと考えて、覚えてみましたか。線を引きながら、この一言の背後にどのような歴史があるだろうかと考えてみましたか。毎日のように原理の本を読んでいますか。（六八―九九、一九七三・七・二三）

皆さんが『原理講論』を読むときは、たくさんの量を読むことよりも、少なくてもよいので、必ず感動を受けるということが大切です。「そうなるまでは本を放さない」という習慣が必要です。原理のみ言は、私の生死の問題を決定し、勝敗を決定する剣と同じです。ですから、『原理講論』を読むときは、必ず感動を受けて、その実体になろうと決心する習慣が必要です。（二九―二八一、一九七〇・三・一一）

四、敬礼

アダムの家庭で、氏族、民族、国家、世界、統一の世界、地上天国世界ができる時まで、神様をお迎えして一緒に一つになる式として、統一教会員は敬礼式をします。この時間は、神様をお迎えする時間であり、神様と直接関係を結ぶ時間であることを理解して、全世界の祝福家庭がこれを伝統として尊重し、守っていかなければなりません。（二八〇―二八九、一九九七・二・一三）

敬礼をするとき、自分一人で来て敬礼するとしても、一人でしていると思わないでください。男性が来て敬礼するときは、自分の妻と二人で立って敬礼していると考え、女性が来て敬礼するときは、夫と一緒に敬礼していると考えるのです。そのような立場に立つことによって、男性と女性が一つになったことを表示するのです。それは、祝福を受けた人は完全に一つにならなければならないことを意味していま

す。（二四二―一二六、一九九三・一・一）

今後、千年、万年続くこのような式典に、真の父母と共に日時を合わせて敬礼する人々の血族になることが、子孫たちにとって最高の願いであることを知らなければなりません。忙しくても、旅行をしていても、あるいは病気で入院していても、その時間は、条件物を中心として心を込めて式典を代行するのです。そのような条件を立てて、一回も忘れず、天地が願う真の父母の伝統の因縁を結ぶ生活を、一生を通して引き継いでいくのです。そのような精神を中心として、日々、環境を浄化していかなければなりません。（二八〇―二八九、一九九七・二・一三）

私の生活は、どのようにしなければならないのでしょうか。善なるものから出発しなければなりません。自分が認識すれば、一日の出発を新しい認識とともに、神様と共にするためのあいさつをしなければならず、それとともに、「きょう一日はこのようなことをする」という計画を立てて出発しなければなりません。朝、このような誓いをして出発し、夜には、その計画に一致した一日を過ごしたのかを批判してみなければなりません。寝床に入るときには、このように一日を反省し、清算できなければなりません。（三七―一一八、一九七〇・一二・一三）

皆さんは、侍義《じぎ》の生活をしなければなりません。朝、寝床から起きて最初の言葉を天の前に捧げ、家を出る時も、第一歩を右足から踏み出して、天の前に捧げなければなりません。普段の習慣がこのようになれば、皆さんの生活は侍義生活になります。このような観点で皆さんは、原則的基準から生活態度を取っていかなければなりません。（一七―二九六、一九六七・二・一五）

私たち統一教会は、世の中のどこに行っても父母様に侍って暮らしているので、食事をするときは、必ず「先に召し上がってください！」と思いながら、最初のも

のを差し出す心で食事をします。先生は今まで、そのような生活をしてきました。（二三六―三三八、一九九二・一一・九）

どこに行っても、日常生活が神様と共になされなければなりません。皆さんは、神様の前に対象的存在であり、主体ではありません。夫に侍る妻のような心情をもたなければならず、父母に侍る子女のような心情をもたなければなりません。何かをするときは、「どこどこに行って、これをしてきます」と父母に報告するのと同じように、直接神様に侍って生きていく生活を離れては、信仰生活になり得ません。（四六―八一、一九七一・七・二五）

父母は愛する子女のために、孝子は年老いた父母のために、良いものがあれば先に与えようとします。同じように、神様のために生きるときも、どこかに行ってきたとき、市場に寄って良い食べ物を買ってきて、それを精誠の表示として神様に捧げたいと思いながら、祭壇を整えて敬礼をしたからといって、偶像崇拝ではありません。そのように、生活の中で絆《きずな》を結べば、神様がどれほど喜ばれるでしょうか。神様のために夫と妻と息子、娘がそのようにしたとすれば、神様は、人間の世界において、その家庭を中心として初めて笑ってみることができる絆、喜びの希望をもてる絆を結べるのです。その家庭は、この地において、神様に相対できる最初の家庭になるので、その家庭の子孫を通して、歴史は元に返るようになるのです。（四八—三二八、一九七一・九・二六）

父母がみ旨のための生活の模範にならなければなりません。家庭での祈りの生活、家庭礼拝、どのような面でも一生懸命にする信仰生活を、子女たちに見せなければなりません。また、敬拝の時間がどんなに重要かということを認識させてあげなければなりません。その時間には、敬拝式だけで終わるのではなく、み旨を中心として、父母として子女たちを教育しなければならないのです。（三一—二六九、一九七〇・六・四）

夫と妻が共に、その日の仕事を神様の前に報告して、行って仕事を始め、終えて帰ったときも、神様の前に報告をしてから御飯を食べるようになっています。そのようなことをすべて規範化させる、神様を標準とした生活が、どんなに厳格であるかを知らなければなりません。(三一―二七六、一九七〇・六・四)

朝起きれば、最初に神様に善なるあいさつをして、出発します。自分の一切の善なるものを残し、悪なるものは除去しなければなりません。(三七―一一七、一九七〇・一二・二三)

朝起きてあいさつするとしても、喜びの心、希望に満ちた心であいさつをしなければなりません。寝床についても、報告する心で、きょうはきのうより良かったのか、悪かったのかを反省するのです。(五〇―二八四、一九七一・一一・八)

洗顔するときは、頭を下げてあいさつしながらするようになっています。これは、神様の御加護に感謝し、すべてのことに対してあいさつしなさいということです。朝夕にあいさつし、仕事をしたあともあいさつします。ですから、洗顔するときも頭を下げてするのです。（三八―二四六、一九七一・一・八）

五、礼拝

教会は、天地をつなぐ至聖所です。教会は、世界への門戸であり、すべての人に相互扶助の因縁をもたせ、国家存亡の霊的支柱となるのです。教会は、霊的生活の源泉であり、日々の生活に力を補給してくれます。（二〇―三一四、一九六八・七・一四）

誰のために教会へ行くのかというと、神様のために行くのです。神様を私の神様

として侍るために、神様の愛を私の愛として得るために教会に行くのです。（八―一六一、一九五九・一二・六）

天国は教会を通して連結されます。すなわち、家庭は教会を通さなければなりません。それゆえ、教会は家庭が勝利するための基盤であり、家法を結実させる所であり、人格の認定を受ける所であり、天国生活の訓練場です。（二一―三五〇、一九六九・一・一）

人格者となるためには、組織的な訓練が必要です。集団的な教会生活を通過しなければなりません。すなわち、全体的な理念や制度に通じ得るかが問題です。そのような関門が、教会になるのです。（九―八　一九六〇・三・一三）

礼拝を捧げる時間は、祭祀《さいし》を捧げる時間です。自分の過去を神様に報告して贖罪《しょくざい》するのです。（一一―一六一、一九六一・六・一四）

神様を訪ねていって侍る場所に、礼服を着ないで参席できますか。外見上の礼服ではありません。心情の礼服です。このように集まった皆さんの姿が、かわいそうな姿だとしても、心からみ言とともに、賛美とともに、感激した心情があふれ出るなら、天は皆さんを通じて役事なさるのです。（九―一九五、一九六〇・六・一二）

礼拝の時間というものは、自分で自分の善悪を判定する時間です。（一五―一二一、一九六五・一〇・三）

皆さんは、聖日礼拝の時間のために、三日前から心を引き締めながら準備しなければなりません。そうして、万民の幸福を祈ってあげ、私を通して万民が蘇生《そせい》できる復活の権限と生命の因縁を連結させようと身もだえしながら教会の門を入ってこなければならず、神様の前に心を締めつけられるような思いで礼拝に参席しなければ

ばなりません。（二〇―二八四、一九六八・七・七）

時間の観念が強い人々は、礼拝時間のような時間を、公的時間として立てておきます。すると、そのような公的な人々が尊重視するその時間を守れなかった人々は、その公的時間を守った人々に対して恥ずかしくなるのです。その時間を守った人が、三千人、あるいは三万人いれば、それに比例して、その数が多ければ多いほど、さらに恥ずかしく感じるようになるのです。（二五―二六七、一九六九・一〇・五）

先生は、時間を守れなくなると、顔を上げられませんでした。時間の観念が強いのです。時間を守れなければ、悔い改めなければなりません。悔い改めなければならないのであって、時間に遅れても、「時間に遅れたからどうだというのだ」と思ってはいけないのです。自分の自由にできるのですか。すべてに道理があるのです。（六六―二〇三、一九七三・五・一六）

第二章　人を愛する生活

一、真《まこと》の愛

真の愛とは何でしょうか。どのような愛を真の愛といいますか。それは神様の愛です。それでは、神様の愛はどのようなものですか。イエス様のみ言《ことば》によれば、それは怨讐《おんしゅう》を愛する愛です。そのような愛が真の愛です。（一一五―三二五、一九八一・一一・二九）

神様の愛とは、どのような愛ですか。与えて満足するものではなく、与えても、もっと与えたいと思って恥ずかしさを感じる心をもつ愛です。与えてから恥ずかしい心を感じる人ほど、本当の愛の主人です。（三八―三二七〜三二八、一九七一・一・八）

真の愛は、与えて忘れる愛です。与えても忘れてしまい、また与えたいと思う愛

です。（一六二―一三九、一九八七・四・一二）

真の愛は、国境を超越します。神様の愛には国境がありません。五色人種を超越するのです。黒人種、黄色人種、何の差別もありません。ですから、真の愛は偉大だというのです。（一六四―九三、一九八七・四・二六）

二、笑顔

ほほえみは幸福の根源であり、根となるものです。（二二八―八三、一九九二・三・一五）

ほほえみを哲学として生きるようにするのです。昔よりも元気よく、希望に満ちた姿で生活しなさい。（二七―二六五、一九六九・一二・一九）

昔の言葉に、「笑顔につばは吐けない」という言葉があります。これは、笑う人に悪くすれば罰を受けるということであり、笑うことに反対する人は許しを受けられないという意味です。（三六―一〇八、一九七〇・一一・一二）

いつも笑顔でいなさい。笑顔は心の花です。いつでも花を咲かせて、香りを漂わせるのです。（二七―八五、一九六九・一一・二七）

女性は、十種類の笑いを分別して笑うことができなければなりません。（一九九―一七八、一九九〇・二・一六）

結婚して夫婦で暮らすとき、夫がどこかに行って帰ってくるときも、気分の良い顔で、喜びに満ちた笑顔で現れる、そのような夫を慕うのです。どこかに行ってきて、不機嫌な顔をしているのが良いですか。良くないというのです。ですから、心の世界の心情というものは、いつでも和合できるので、陰がないというのです。いつでも明るく、いつでもうれしく、いつでも満足できる美をもって現れることを、男性も女性も願うのです。（一七六―二九四、一九八八・五・一三）

おじいさんとおばあさんが、お互いに向かい合って笑う姿は、若い夫婦が喜んで笑う姿とは比較できません。「ふふふ」と笑う、しわの寄ったおじいさんとおばあさんのほほえみは素晴らしいのです。知らないだけであって、すべてが和合し、お互いに相応する立場で笑う、そのおじいさんとおばあさんのほほえみがあることによって、すべてのものが和動するのです。（一三九―一二、一九八六・一・二六）

「笑うおじいさんの顔には詩情が宿っている」と言いますが、それはそのとおりです。ですから、ほほえみが行く道には平和の国が展開し、よくほほえむ所には、平和の天国が展開するのです。ほほえみが消える日には、平和の天国が地獄に変わるというのです。（一三九―二七、一九八六・一・二六）

人の顔をじっと見てみるときに、笑うこととは何でしょうか。すべての動作を統一させられる、それが笑うことです。顔を見てください。顔をよく見れば、美人でも、醜い人でも、笑うときは、目も笑い、鼻も笑い、口も笑い、耳も笑い、すべて笑うのです。ほほえみがなぜ良いのかというと、すべての動作を和合させ、和動させられるからです。それで笑うことが良いのです。（一三九―一五五、一九八六・一・三一）

笑っている顔を攻撃することはできません。たたくことはできないのです。特に、幼子の何の欲望もない純粋な笑い顔に対して、つばを吐く大人はいません。（二五七―二五八、一九九四・三・一六）

人に対するときには、笑顔で対さなければなりません。なぜでしょうか。垣根になるからです。これは、自然な垣根になるので、不自然さがなく、注意や防備という自分を保護する観念を超越します。（四八―二七五、一九七一・九・二六）

笑顔で気分の良い姿は、みな見つめます。気分の悪い表情をするのは悪です。ですから、向き合う時には、必ず笑顔で頭を下げなければなりません。人間は、いつでも笑顔で話をしたいと思っています。口を開けば歌を歌う、そのような気分をもった人に、悪人はいません。（五五―四六、一九七二・四・二三）

笑いながら喜ぶ新郎新婦の笑い声は、世の中で最高のメロディーに聞こえるのです。神様の耳に最高のメロディーは、ベートーベンの交響曲第九番ではありません。男性と女性が喜ぶ永遠の夫婦の笑い声が、神様にとって最高のメロディーです。そのように与え合ってお互いに喜ぶことが、神様には花なのです。自分がつくった男性と女性が、そのように「ほほほ」と笑って愛するその姿が、神様から見れば花なのです。（一〇一―四三、一九七八・一〇・二八）

三、言葉

愛の心、真実をもって接しなければなりません。話をするにしても、一日に良い言葉を三回ずつ継続して言ってみてください。良い言葉を言うと同時に、行動も三つの良い行動を、小さなことでもしてみるのです。あいさつをするにしても、心から有り難く思ってあいさつをしなければなりません。（九九―一四二、一九七八・九・一〇）

人が自分に話をしてくるときは、真摯《しんし》に聞いてあげるのです。夜を徹して聞いてあげなさい。ここから事が始まるのです。時間が問題ではありません。父母は、自分の子女たちが出ていって苦労し、また自分たちのところに訪ねてきて、苦労した話をするのを聞くとき、涙を流しながらその子女が感じる痛み以上の痛みを感じるのです。ですから、父母を好むのです。それと同じ心情の所有者になるのです。（二六〇―一八二、一九六九・五・一二）

昔、名門の家では、子供を教育する時に、「朝は、できるだけむやみに話さないようにしなさい」と教えました。「朝は、できるだけ先に話さないで、聞きなさい」と教えたのです。このような態度は、信仰生活でも必要です。（四〇―七二、一九七一・一・二四）

皆さんは言葉を瞬時に語りますが、その一言を間違えると、それが一年間も影響するのです。一瞬に間違った言葉を、一年間もかけて清算するようになるというのです。（四三―一一一、一九七一・四・二五）

皆さんが一言間違うことによって、どれほど多くの人を犠牲にするか、世界を滅ぼし得ることを知らなければなりません。愛を中心として語る言葉は、どんなことを言っても、栄え、発展し、宇宙のすべてが喜ぶのです。（九一―九一、一九七七・一・三〇）

私たちの同僚関係においても、一言間違って失敗すれば、その一言間違ったことによって、その関係が壊れることもあります。もし言葉を一言間違えれば、その言葉を言った人も苦痛を受け、その言葉を聞く人も苦痛を受けるのです。例えば、夫婦でもそうです。一言の言葉が動機になって気分が悪くなれば、それによって別れていくこともあるのです。（八九―一一六、一九七六・一一・一）

人の仲を裂き、ひそひそと「誰々は悪く、誰々はどうでこうで……」と言うことがありますが、それはサタンの武器です。「あの人は、こうだ」と評価するのはサタンです。聞いても知らないふりをする人と、おしゃべりで騒ぎ立てる人のうち、

どちらの側がサタン側ですか。おしゃべりで、騒ぎ立てる人がサタン側です。（二一五―二四〇、一九九一・二・二〇）

人を批判してはいけません。問題は自分にあるからです。若い人たちの短所は何かというと、何かを見ると、すぐに「何がどうでこうで」と評価することです。しかし、自分を忘れています。人を評価するなら、まず自分を三倍以上評価してから、その三分の一だけ評価しなさいというのです。（二一五―九三～九四、一九六九・九・三〇）

言葉は言葉だけで、行動は行動だけでしてはいけません。全部神様の息子、娘の位に立てられているので、神様の息子として語り、行動し、神様の娘として語り、行動しなければなりません。（九一―八九、一九七七・一・三〇）

対人関係においても、自分自体として対するのではなく、どのように神様と共に対するのか、また言葉を話しても、自分単独で話すのではなく、どのように天の言葉を話すのか、これが問題です。その話したことは、言葉だけで残すのではなく、必ず行動を伴わなければなりません。これが私たちの生活圏内に関係している内容です。(四〇―二八一、一九七一・二・七)

四、家族の和合

夫を愛する

妻は、職場から帰ってくる夫に対して、夕御飯を準備してあげることによって「夫に対する義務を果たした」と思ってはいけません。夕飯の食卓に座って愛の蜜語《みつご》を分かち合い、和気あいあいとした時間をもつことが、何よりも重要なことです。初めて会った時、優しくささやいたその声で、愛の姿そのままで、一日の労苦を慰労してあげると、夫の疲労は洗われるように消えるのであり、愛もまた深まるのです。

（一九八六・一・三）

パウダーをたたき香水をかけても、女性はいつも美しくなければなりません。女性は、情緒生活において借りをつくってはいけません。また、夫の体や衣服などについて、いつも関心をもたなければなりません。夫が家に帰ってきた時、疲れているようだったら洗顔のための水も持ってきてあげて、歯を磨く準備もしてあげて、足も洗ってあげ、髪もとかしてあげなさい。（二七—八八、一九六九・一二・二六）

責任者の夫人は、夫が玄関を出る時、絶対に夫の悪いところを指摘してはなりません。妻が指摘をすることによって夫一人の心を暗くした波動は、世界を暗くするのです。悪いところを指摘する時は、夜にしなさい。そうすると、すべての問題が夜の間に解決されるのです。男性は朝、戦いに行くのです。そういう夫のために、妻は朝早く起きて、サービスをたっぷりしなければなりません。（二七―八八、一九六九・一二・二六）

服は、少なくとも三日に一度は着替えなければなりません。髪も、そのようにしょっちゅう洗わなければなりません。そして、いつもほほえんでいなさい。ほほえみは心の花です。いつも花を咲かせて香りを漂わせなさい。ヘアー・スタイルや化粧で相手をテストすることを知らなければなりません。自分の顔や姿で相手の心を喜ばせてあげられなければ、趣味でそれに代えなければなりません。音楽とか、すべての芸術を総動員してみなさい。（二七―八八、一九六九・一二・二六）

男性は、外見が良く、スタイルが良く、服の色も良く似合うものを着ている、そのような女性の顔を見たいと思うのが男性の本性の心です。それは悪い心ではありません。神様もそうだというのです。そして、身なりや歩き方がすべて素晴らしく、顔まで素晴らしければ、男性は「おー！」となるのです。（一一五―二二一、一九八一・一一・一五）

女性たちが男性に接するときに、第一の武器とは何ですか。スマイルです。男性は、女性の笑顔には石を投げられません。反抗ができないようになっているのです。それを知っているので、女性たちはほほえむのです。（一二九―五五、一九八三・一〇・一）

女性のほほえみは、家の中の花です。円満な家庭を成そうとするなら、女性は悲喜劇の一流女優にならなければなりません。夫が喜んでいるときも完全に溶かし、悲しいときも完全に溶かさなければなりません。（二七―八五、一九六九・一一・二七）

朝になれば、変わらずに日が昇ってくるように、顔に笑顔が浮かんで希望に満ちていれば、夫にとって尊敬の対象となり、力の源泉になり得ます。そのような女性だとすれば、その夫は、「ほかのところに行きなさい」と言っても、行くことができません。このような家庭には争いが起きません。（三九―一一九、一九七一・一・一〇）

家族生活において、様々な料理を作るのも、日常の生活も、服を作るのも、すべて愛のためです。愛を装飾するためなのです。料理を作るのも、愛の味を高めるためです。それが真の愛です。料理を作るときも、心を尽くして作ったときには、おいしいのです。つばが流れ、涙が流れ、鼻水が流れます。「ああ、おいしい！」と、味の王がそこに現れるのです。そのような料理を作ってみましたか。（二一八―三四三、一九九一・八・二二）

町内で一番貧しくても、「私たちが一番裕福に暮らしている」と、このように考えなさいというのです。これが素晴らしいことです。三食、四食を抜かしても、顔が平和で、にこにこ笑い、希望に満ちた顔をして歩く、そのような女性を迎えた新

郎は、不幸にはなりません。（六三―二三三、一九七二・一〇・一四）

いくら体の調子が良くなくても、風邪を引いていても、健康な気分を保つのです。自分の表情を見て、ほかの人が何も分からないようにしなければなりません。健康な表情をするのです。特に女性たちがそのようにすれば、その女性と暮らす男性たちは、相当に慰労されるというのです。男性が心配しても、「なぜ心配するのですか」と言いながら慰労できる、そのような健康な表情が必要です。（一三一―二八三、一九八四・五・四）

私に夫ができたらさぞ良いだろうと思ったのに、良くない時もあるというのです。良いことのみを願ってはいけないのです。二十四時間、ずっと太陽の光がさせば良いでしょうか。夜もなくてはなりません。高ければ低くなるのが原則ではないですか。（三〇―一四三、一九七〇・三・二一）

妻を愛する

夫は、至誠の限りを尽くして妻を愛さなければなりません。そのように妻を愛すれば、妻の血と肉を受けた子女を、妻が夫と同じように愛するようになるのです。このようになるとき、平和な家庭ができます。それで、「家和して万事成る」というのです。すべての天下が、すべての存在世界が歓迎し、侍るようになるということです。男性は、至誠の限りを尽くして女性を喜ばせてあげ、愛して幸福にしてあげてこそ、幸福な母親として子女を喜ばせてあげるのです。「夫の息子、娘なので、夫から愛される以上に私が愛し、二人で協力して夫が願う、より貴い息子、娘をこの地上に残していこう」と考えるのです。（二七四―八五、一九九五・一〇・二九）

妻や同じ家に住んでいる人の足音を聞いただけでも、その人に良いことがあったのか、悪いことがあったのか分かるのです。そして妻が部屋に力なく入ってきたなら、「あなたはどうして気分が良くないのか」と聞くのです。そうすると妻は、見てもいなかったのに、既に夫は全部知っているので、何も言えないのです。そのようなアンテナをもって暮らさなければなりません。関心をもって祈るようになると、私に関心をもつようになります。（四二―一七四、一九七一・三・四）

愛の深い夫は、その家の中で悪口が飛び交っても、すべて愛の刺激にできます。愛のない夫の一言は、その一言が肉をえぐるような破壊の動機になるのです。愛があればむちを打ってもいいけれど、愛のない所では、すべてが嫌なのです。（八三―一七七、一九七六・二・八）

家に帰ってきたとき、妻が横になって寝ていたとしても、「私が責任を果たせなかったので待っていないのだなあ」と、そのように考えてみたことがありますか。御飯も作らず、昼寝ばかりしていても、そのように考えなければなりません。対人

関係も、すべてそのように考えなければならないのです。（八一―三〇四、一九七五・一二・二九）

父母を愛する

真の子女とは、どのような子女でしょうか。真の子女は、真の父母の愛の前に永遠無窮に父母を愛し、また愛があふれ出る、愛の心をもった子女です。そのような立場が真の孝子の立場です。（一二七―一六、一九八三・五・一）

天国に残れる子女とは、どのような子女でしょうか。父母の愛に対する借りを、自分自身が返さなければなりません。父母が年を取ったときには、自分が幼い時に下の世話をしてくれた父母のことを思い出し、父母に仕えてこそ孝子になれます。（三五―二四一、一九七〇・一〇・一九）

孝子とは何でしょうか。孝子は、父母の悲しみに、代わって責任をもつために、困難な場を探していって責任を果たすことにより、父母に喜びを捧げる人です。父母が十の仕事をするときに、子供が十五ほど努力をしたならば、父母は五の分の喜びを感じるようになります。そのような分野をどのように補充して、父母のために捧げられるかを考えながら努力する人が孝子です。（二四―二六一、一九六九・八・二四）

孝の道を行く人は、自分の生活の中で良いことがあれば、まず父母のことを思います。自分の妻に服を着せようと思えば、まず父母にしてさしあげなければなりません。それまでは、自分の妻にも着せることはできないのです。その妻も、自分の夫が父母にしてあげていないにもかかわらず、「これが気に入ったので、あなたが私を愛しているなら、一つ買ってください」と言うことはできません。

男性たちも同じように、自分が服を買って着ようと思えば、まず父母に買ってさしあげてから自分が着て、妻にも着せてあげなければなりません。御飯を食べるときも、父母に侍って食べなければなりません。お粥《かゆ》を食べて暮らしていたとしても、そのような心をもたなければならないのです。父母に侍る生活をしなければなりません。（二六―二九七、一九六九・一一・一〇）

子女を愛する

父母は、子女を愛するのに自分を主張せず、自分がない立場で子女を愛します。父母は、権限をもって、いつも堂々とした立場で子女を愛するのではありません。父母は、自分を犠牲にしても、子女が立派に育つことを願います。父母は、変わらない愛の主人です。父母という存在は、子女が千態、万態に変わってどのようなことをやっても、子女のためにという心だけは変わりません。ですから、変わらない父母の愛は貴いのです。（五九―二九八、一九七二・七・三〇）

父母の心は、与えても足らないと感じ、愛しても十分愛し切れないところがあるのではないかと、もっと愛したい心、与えてからも、もっと与えたいと思う心、このようなものがあるので、永遠の愛と通じるのです。これが愛の出発の伝統的動機です。(六〇―八二、一九七二・八・六)

子女を愛する父母の心は、美しいものです。自分の空腹を我慢して、子女に食べる物を与えようとする、その父母の愛の前には、天下が頭を下げるのです。間違いなく、宇宙がその息子、娘を協助します。天下が頭を下げるというのです。(一四八―三二七、一九八六・一〇・二六)

父母の子女に対する愛は、ただ生活を通してだけの愛ではなく、骨髄からわき出る愛です。忘れようとしても忘れられず、切ろうとしても切れない愛の心を、父母はもっているのです。子女と生命の絆《きずな》が結ばれていることを感じる時、父母には子

女を愛する心が自然にわき出るのです。（三二一―一四、一九七〇・六・一四）

父母は、子女に服を着せても、もっと良い服を着せられなくて済まないと思うのです。与えながらも、満足を感じるのではなく、不足さを感じるので、愛を通して補充してあげるのが父母の愛です。（三八―三二七〜三二八、一九七一・一・八）

子女を育てるときは、自分独りでするのではありません。父親が協力して、外的な世界と連結するのです。心情の基盤である母親の愛の懐で育ち、外的な世界に連結されるときは、父親の世話になるのです。そして、父親が補給し、供給してくれる万物で暮らすのです。狩猟して生きていた時代は、男性が出ていって肉を持ってきて、それを女性たちが精誠を尽くして料理するのです。苦労した夫のために精誠を尽くしながら料理するその瞬間が、女性の幸福だというのです。その幸福は、世の中に差し出せる幸福ではありません。

そして、父親と母親が同じ食膳《しょくぜん》で子女たちと共に食べるとき、それをおいしそうに食べるのを見つめる母親の心は、天国に暮らす人の心だというのです。自分が精誠の限りを尽くして作り、愛する子女と、愛する夫がそれをおいしそうに食べるのを見つめる、そこに母親の幸福があるのです。(二三三—二〇五、一九九二・八・一)

皆さんが子女を呼ぶときは、世界を代表する子女を呼び、子女を抱いて愛するときは、世界を代表する子女を取り戻した、という心で愛さなければなりません。そのような考え方をもつのです。今も先生はそうです。どこかに行ってくれば、できる限り子供たちにキスしてあげるのです。それが私の生活習慣になりました。また、私の子女たちは、父親にあいさつをするときも、父親とキスします。どこかに行くときも、父親に話してから行き、良いことがあれば、父親のところに来て話します。そのような思想を育てなければなりません。そのようにすれば、神様が喜んで御覧になるのです。(四七—一七〇、一九七一・八・二八)

舅、姑を愛する

嫁が姑《しゅうとめ》に対して謙遜《けんそん》に侍っていけば、その姑の心をつかめます。姑がその嫁を愛するようになり、かえって嫁に屈服するのです。嫁が愛を受けるようになり、結局、二人が仲良く過ごすようになるのです。（四二―三四二、一九七一・四・一二）

自分が嫁いできて、十年、二十年がたち、姑が「おなかが痛い」と言うとき、自分の夫以上に心配し、薬を用意して姑の病気を治療してみましたか。姑だけではありません。舅《しゅうと》に対してもそうです。（二二七―二二三、一九九一・二・一〇）

嫁いできた女性が知らなければならないのは、姑や舅から苦しめられても、その峠を越えられる夫の愛があれば十分だということです。ですから、姑や舅が悪いのではありません。それは、「我が家の愛をそっくりそのまま、あなたの夫を通して受けなさい」ということなのです。それを理解した嫁になり、姑や舅に対して千万回の感謝の心をもてば、姑や舅がひざまずいて屈服するのです。（一三九―六七、一九八六・一・二六）

いくら厳しい姑でも、嫁がその息子、娘より、姑や舅をもっと愛するときには、一つになれるのです。（一七九―一五四、一九八八・八・一）

夫に対しては、「きゃっきゃっ」と喜んで笑うのですが、舅に対しては、夫に対して笑うのと同じように笑ってはいけません。そのときは、声を出さずに唇から、目から笑うのです。それを研究するのです。そのようにしながら舅に、「ああ、お父さん。笑うのを初めて見ましたが、本当に美男子です。一族で誰にも負けない美男子の笑顔をしています。毎日見れば、御飯を食べなくても生きていけそうです」

と一言言えば、毎日笑うでしょう。（一九九―一七八、一九九〇・二・一六）

嫁を愛する

男性と女性が完成して家庭をもたなければなりません。家庭的な基準を通して兄弟として成長し、夫婦としての因縁を結び、愛を通して父母となり、息子、娘を生んで愛するのです。そして、おじいさん、おばあさんになり、自分の息子、娘と嫁を愛し、孫嫁と孫も愛さなければなりません。これが一つの家庭モデルです。（二三八―一三五、一九九二・一一・二二）

自分の娘以上に嫁を、もっと愛さなければなりません。原理では、間違いなくそれを教えてくれています。外的な人を内的な人より、もっと愛さなければなりません。そのようなことをすべて根本から立て直さなければ、平和な家庭になりません。

家庭に嫁と姑の問題が生じるのです。（二〇〇二・一二・一二）

家庭の三代が一つにならなければなりません。嫁は、直系の長子の子孫を生むのです。娘は、嫁いでいってしまいます。ですから、男性を中心として嫁を立てていかなければなりません。嫁を否定してはいけないのです。（二八八―二四〇、一九九七・一一・二八）

祖父母を愛する

幸福な家庭の生活内容とは、どのようなものでしょうか。おじいさんが朝になったからといって、長男から嫁、孫、全員に「あいさつをしなさい」と、毎日言いますか。自分が暮らしている習慣化された環境をさっと見れば、そこには家庭の規律があるので、「私の家は、このような家だ」ということが分かるのです。そして、それが分かれば、その道理に従って暮らすようになるのです。朝起きれば、お父さんとお母さんも、おじいさんのところに行ってあいさつし、孫と孫娘もあいさつしなければなりません。（二三三―二七八、一九九二・八・二）

年を取った人に良い食べ物を差し上げ、私は食べなくても、飢えてもよいと思えれば、その家を神様が、一番年を取った神様が、一番年を取った師が、一番年を取った主人が祝福してくれるでしょう。（二七〇―一七一、一九九五・五・二九）

家庭の中に幼い孫娘がいて、その孫娘がその家のために、三年、四年、五年、このように継続して奉仕と犠牲になる立場に立てば、おじいさんやおばあさん、家族全体がまだ幼いその孫娘にすべての秘密を打ち明け、自分の事実をすべて話そうとするのです。このように、だんだんとその孫娘のところに全員が頭を下げて入っていくのです。それは、なぜそのようになるのでしょうか。天の本質的な出発がそうだからです。奉仕と犠牲になること、投入して忘れてしまう生活が宇宙の根本なの

で、そこには神様が共にいらっしゃるのです。（二六五―一九一、一九九四・一一・二一）

兄弟を愛する

兄弟愛というものは、世界愛と通じるのです。たくさんの兄弟が育つ家庭は、世界の人類を抱き、理想的な天国、地上天国と天上天国をつくるモデルのようなものです。（二三五―二六八、一九九二・一〇・一二）

兄弟が多ければ、御飯を食べるにしても、一つの器で二人が分け合って食べなければなりません。御飯が一つしかないと言ってけんかをするのではないのです。兄弟が多くて生活が大変でも、「私がひもじい思いをしても分けてあげなければ。弟にあげなければ……」と、このような愛の心をもつようにするのです。（一一二―一九五、一九八一・四・一二）

父母は子女に対して、自分より兄弟をもっと愛することを願います。自分の父母に対し孝行したいといいながら、兄弟同士が争うようになれば、その孝行は成立しないのです。ですから、父母の心は、自分が尽くされるよりも、兄弟同士もっと「ために生きてあげる」ことを願うのです。兄弟を父母以上に愛そうとする人は、天国の境界線の中に永遠に住める人です。

兄弟を父母と同じように愛せない人は、ここから外れるのです。父母の前に孝行できない、そのような立場に立ったのなら、父母のために精誠を尽くせない分、父母の代わりに兄弟のために与えなさいというのです。そうすれば、父母に孝行した以上のこととして、天は受けてくださるのです。そのような人は、必ず祝福されるのです。（七八―四一、一九七五・五・一）

父母は、子女たちが自分のために生きてくれるよりも、もっと兄弟同士で互いにために生きてくれることを願うのです。これが本当の父母の願いであることを、私たちは知っています。ですから、真の兄弟は、自分を中心として自分のために生きるところにいるのではなく、自ら「ために生きよう」とする兄弟の間に、真の兄弟と、愛の兄弟と、幸福の兄弟と、平和の兄弟が設定されるのです。（七七―二六五、一九七五・四・一四）

子女の間の愛とは、どのようなものでなければなりませんか。何を基準として愛さなければなりませんか。父母が愛するように、兄弟たちも愛し合わなければなりません。愛は誰から学ぶのかというと、父母から学ぶのです。父親が息子を愛するように兄は弟を愛し、母親が娘を愛するように、姉は妹を愛するのです。（六六―一二一、一九七三・四・一八）

五、隣人

隣人愛

皆さんがある人に初めて会うとき、ある印象を相手に与えるようになります。そのときに悪い印象を与えれば、それは悪です。良い印象を与えれば、会うたびに前よりも良くなるのです。印象が良くて初めて神様が協助されるのであって、良い印象を与えられなければ、神様も協助できません。（五七―一七九、一九七二・五・三一）

今日、私たちには、人間関係に対してなおざりにする傾向が見られます。朝会って、ただあいさつするだけで終わってしまいやすいのです。隣に住んでいる人に対しても、ただ毎日会う人、顔はどのような顔をしていて、誰それの父親だということだけ知っている程度で終わってはいけません。もう少し意味をもって見るように

なれば、とても大きな内容をもっているのが人間関係であることが分かるのです。（二五―二八一、一九六九・一〇・五）

知らない人と出会うとき、私たちは、その人に対して知りません。その背後がどのようにつづられてきたのか知らないのです。その人は何でもないような人に思えるのですが、どのような人になるのか分からないのです。すなわち、その人が十年後、二十年後にどのようになるのか分からないというのです。ですから、良かろうと悪かろうと、因縁を結んだすべての人々、あるいはすべてのことを大事にしなければなりません。（一四二―一五八、一九八六・三・九）

自分を完成するためには、どのようにすべきでしょうか。対人関係を中心として、何人を喜ばせたのかというのです。きのうは十人を喜ばせ、きょうは十五人を喜ばせたとすれば、天の側に近づいていくのです。このようにして、二十四時間、すべ

ての人が喜べることをしなければなりません。（二四一―一三五、一九九二・一二・二〇）

男女関係、兄弟関係、友人関係、事業関係など、関係は何によって結ぶことができますか。それはお金ではありません。愛以外にはありません。どのような愛ですか。自分のために生きる愛ではありません。「私のために生きなさい」と言う立場に立てば、すべて滅んでいくのです。（二一九―三六、一九九一・八・二五）

人と接するときは、夜遅くなっても、恩恵を高めるための貴い機会を逃してはならず、時間の観念を忘れて最善を尽くしてください。そのようにせず、時間を心配して、恩恵が最高に高まったころにみ言を語るのをやめれば、翌日は、再び最初から始めなければなりません。時間が遅くなって伝道対象者が帰ることになったとしても、伝道者が名残惜しく、切なく思えば、むしろ霊界が協助してくれるのです。（三一―二四九、一九六九・五）

自分のためにすべてのものを屈服させるのが悪なのです。十人の友人がいる場合、その十人の友人に「毎日、毎年、一生私のために生きなさい」と言うとき、その友人が動くでしょうか。そのような人に支配される年数が重なれば重なるほど、反発する心が大きくなるのです。そのようになっては平和が来ません。イエス様が主張したその生活は、実に愚かなようで、実は偉大な戦法なのです。十人の友人がいて、その十人の友人に毎日奉仕すれば、その友人たちが集まったとき、衷心から自分たちのために犠牲的に活動していたその友人が抜けていた場合には、全員が「なぜ彼が来なかったのか」と言うのです。どんなことでも、その人を中心にしてやろうとします。（五五―四四、一九七二・四・二三）

友達のために犠牲になり、奉仕するときに、「一番良い友達だ」と言うのです。しかし、「私のために生きなさい」と言うときは、友達が全員遠ざけます。これは、私たちの生活環境の周辺で、いつでも見ることができる事実です。「ために生きる」、より「ために生きる」友達が良い友達です。「ために生きる」のが良い師、良い父母、良い妻です。（二二二―九一、一九九一・一〇・二八）

皆さんが目上の人たちの心に残りたいと思えば、精誠を尽くさなければなりません。そのためには、良いものが一つでもあれば、さらに与えたいと思う心が皆さんに満ちあふれなければなりません。

心情の世界は、物で通じるのではありません。心で通じるのです。常に感謝する心で、目上の人が悲しめば共に悲しむことができ、喜べば共に喜ぶことができる因縁で通じるのです。神様は、そのように生きる人と共にいらっしゃいます。それゆえに、彼が悲しめば、神様も悲しまれ、彼が喜べば、神様も喜ばれるのです。（一七―二九一、一九六七・二・一五）

伝道

皆さんが伝道するときも、にこにこ笑いながら、「すみませんが、チラシを一枚受け取ってください」と言ってチラシを渡せば、その印象はどうでしょうか。もし、伝道に出掛けていった人が、気分の悪い顔をして入っていけば、生涯その人を嫌うでしょう。しかし、気分の良い顔をして入っていけば、伝道される人にとっては生涯忘れられない光景になるのです。（五七―一七九、一九七二・五・三一）

伝道とは何でしょうか。道を示してあげることです。皆さんが世界のために、神様に帰る道を教えてあげるのは、どれほど偉大なことでしょうか。その道を開拓してあげるのですから、どれほど素晴らしいかというのです。（一一七―一〇一、一九八二・二・一四）

私たちが開拓し、伝道する目的は、私のためではなく、神様の愛を世界的に植えていくためです。この国、この民族に神様の愛を植えてあげるために、神様の愛を分配してあげるために、私たちがこのような途方もない使命を果たそうとしているのです。これは、どれほど素晴らしいことでしょうか。（二七―三四三、一九七〇・一・一）

伝道をしてみなければ、神様の心情が分かりません。旧約時代に、僕《しもべ》を養子にすることがどれほど大変でしたか。皆さんも、同じように僕を捕まえて養子にしなければなりません。それがどれほど大変か、やってみなければ、神様の心情を体恤《たいじゅつ》する道がありません。（六一―二二〇、一九七二・八・三〇）

伝道したいと思っている人に対して、夜を徹して痛哭《つうこく》し、祈ってみましたか。そのようにしてみなければなりません。一つの命を生かすことさえできれば、何も惜しむものがありません。お金も服も家も、問題ではないというのです。人を愛することに狂わなければなりません。神様は今まで、そのような立場で六千年間歴史を何度も越え、千年を一日のように感じるほど、歳月を忘れてこられたのです。これが神様の愛だということを知らなければなりません。ですから、その一つの命のために、父母の心情で涙を流して、祈ってみてください。そのようにすれば、間違いなく伝道できます。（三四―二六九、一九七〇・九・一三）

伝道に出ていくとき、そのまま行ってはいけません。どのくらい精誠を尽くして出ていくのか、ということが問題です。ある人は、伝道するのに一週間やひと月、あるいは一年、二年、三年はかかると思えば、その期間、精誠を尽くさなければなりません。雨が降っても雪が降っても、御飯を食べても、寝ても覚めても、行っても来ても、あるいは休んでも、どんな行動をしても、一切の心をその人に、すべて完全に与えてみなさいというのです。完全に与えれば、完全に戻ってくるのです。これが原理です。（四二―二二八、一九七一・三・一四）

早朝に起きて、自分が受け持った地域のために祈って、涙を流すのです。その道は、心情的で、霊界と霊的な因縁を結ぶ道だというのです。神様がこの地域を見れば、すべて地獄に行かざるを得ない人間たちばかりなので、涙を流さざるを得ないのではないかと、神様の代わりに自分が涙を流していることを感じるのです。神様の心情で涙を流すことができる、そのような共鳴力が出てくれば、霊界が総動員します。（九六―二八〇、一九七八・二・一三）

生活の手本になるのです。遊ぶ所でも友達になり、生活する所でも友達になり、その次には、勉強する所で友達になり、旅行すれば、旅行する所で友達になり、狩りに行けば、狩りに行って友達になり、海に行けば、海に行って友達になり、農業をすれば、農作業をする所で友達になりなさいというのです。このようにすべての分野で友達になれる能力があり、理論的に説得する能力さえあれば、すべての分野の人を、いくらでも引っ張って集めることができるのです。

そのような影響を与えようとすれば、自分が学ばなければなりません。学びに行って親しくなるのです。ですから、人とたくさん接触するのです。そのようにしながら、その人が自分の深い秘密を相談できる位置まで行けば、その人は、「伝道するな」と言っても、いくらでも伝道できるのです。（九五―二三八、一九七七・一二・四）

伝道したい人がいるとき、自分に何か貴重なものがあれば、それをすべて与えたいと思わなければなりません。服なら服をもっていってあげたいという、そのような心が先立たなければならないのです。また、自分に食べるものがあれば、「ああ、おなかがすいたから私が食べよう」と思うのではなく、おなかがすいていても、新聞紙に包んでおいて、「誰か来ないだろうか」と思うのが父母の心です。（五〇―三〇五、一九七一・一一・八）

六、先祖を愛する

先祖の解放は、子孫でなければする人がいません。神様にもできません。先祖にもできません。子孫が精誠を尽くして解放してあげなければならないのです。先祖は、子孫が助けてあげなければ行く道がありません。（三〇〇―三二五、一九九九・四・一五）

皆さんが氏族を復帰することによって、真の氏族的な父母の使命を完遂するようになり、霊界の善の聖徒たちによって、皆さんと共に再臨復活の恵沢を受けることができる特権的な恩賜が展開するのです。そうして、善の先祖たちが地上に、無数に再臨できるようになります。そのような時代が来るので、悪のサタン世界はだんだんと消えていき、統一の運勢が新しい世界へとだんだん越えていくようになるのです。（一九―一六五、一九六八・一・一）

皆さんはいつでも、「三時代を代表した私だ」と考えるのです。ですから、霊界が私の手に懸かっているのです。皆さんの先祖が皆さん自身に懸かっているのです。過去、現在、未来をすべてこのように集めて、二つを重ねて引っ張っていけば、走ってくるのです。そのような使命を果たさなければなりません。（六六―七六、一九七三・三・一七）

先祖が死んだその日になれば、みんな来るのです。そして、先祖のために祭壇を整えて祭祀を執り行います。先生の写真を置いた部屋で執り行えば、敬礼をしても罪にはなりません。餅《もち》を作って祭祀《さいし》を執り行っても、罪にはなりません。（二一二―一〇〇、一九九一・一・二）

今は国家時代に入ったのです。焦点を合わせなければなりません。それで、霊界解放と祝福をするでしょう。百二十代まで祝福するつもりです。過去には四代です。四代であれば何親等ですか。八親等までいくのです。七代までですれば、もっと多くなるのです。数百家庭、たくさん栄えた家庭は、数千家庭になるのです。四代祝福、それから七代祝福をするのです。七代やれば一族を越えるでしょう。その次には、世界版図である百二十代です。清平《チョンピョン》でそのことをするために、すべての祝福家庭は競争して、自分の先祖をすべて解怨《かいおん》してあげなければならず、祝福の門を開けてあげなければならない責任があることを知らなければなりません。（二九九―三〇七、一九九九・二・二一）

先祖を愛しなさい。先祖のために生きることは、罪ではないのです。サタン世界でも先祖のために生きるのに、キリスト教では「先祖のために生きるな」と言うでしょう。しかし、今後、天の世界における先祖のために生きて、また、さらにために生きなければならないのです。それで、統一教会は、祭祀も認めるのです。キリスト教では「お、偶像なのに……」と大騒ぎするでしょう。しかし、堕落した世界にいる祝福を受けた家庭は、このような伝統を子孫に伝授してあげるべき責任があ

るというのです。（二四一―一二七、一九九二・一二・二〇）

第三章　国を愛する生活

一、国を愛する

神様のみ旨とは何ですか。この世界人類を神様が愛する民にし、この地球を神様が愛する国土にし、この国土と民を合わせて一つの主権国家にしようというのが、理想世界です。（五六―一九一、一九七二・五・一四）

「国家」といえば、主権、国土、国民がいなければなりません。この三大要素をすべて愛さなければならないのです。（二〇七―二五一、一九九〇・一一・一一）

一つの国において、どのような人が愛国者ですか。自分の国をより美しく、価値あるものとして見せようと努力する人が愛国者です。（二六―一三六、一九六九・一〇・一九）

善の行いをするとき、一つの国なら一つの国、その国の民族なら民族、その国の国土なら国土を、誰よりも愛する心で精誠を尽くす立場で善の行いをするのです。そのようにすれば、それはきょう行っても国のためであり、あす行っても国のためであり、昼に行っても国のためであり、夜に行っても国のためのものになるのです。（四一―一三五、一九七一・二・一四）

天の国の公法に従う国と国土となり、財産となり、民となって、神様の愛の指揮圏内で定着することが私たちの理想です。（一四七―三二〇、一九八六・一〇・一）

二、自然万物を愛する

自然万物

自然とは何でしょうか。神様が、「私」のために、「ために生きる」愛をもった息子、娘が生まれるときに、「ために生きる」ことができる万物として、贈り物として下さった展示品です。一つの鳥の声も、伸びていく草の一株も、愛の息子、娘の生活美化のためにつくられた装飾品です。道端に転がっている岩も、息子、娘が国を治める主人になることを知って、その国の装飾品としてつくられたのです。流れる水も同じです。無味乾燥で単調であってはいけないので、無限に調和する和合の園、愛のために生きるそのような世界を見て、それを相続できる夢の王子、希望の王子にするために創造したのです。（一七五―一八六、一九八八・四・一六）

神様の愛を中心とする創造理想世界、すなわち大宇宙のすべての存在物は、どれ一つをとってみても、神様の心情の外で生じたものはありません。今日私たちは、このようなことに対して、あまりにも無視し、無関心でした。私たちの周囲で無意識のうちに繰り広げられている天下万象は、神様の愛と共に存在するものであるという事実を知りませんでした。(九―一六八～一六九、一九六〇・五・八)

神霊的な境地に入ってみると、小さな砂一粒にも宇宙の道理が入っていて、一つの原子にも無尽蔵の宇宙の調和が入っていることが分かります。ゆえに、存在するすべてのものは神様の愛の手を通って出てきたものであり、必ず神様と心情的な関係を結んで存在しているのです。(九―一六八～一六九、一九六〇・五・八)

水も、人のためにできたのです。気分が良いですか。山谷《さんごく》に入っていけば、滝の音は騒がしく、流れる水の音は神秘的です。自然環境に調和できる流れを備えていくとき、水の音は、神秘境のあらゆるものをもっているのです。(一九八―一三四、一九九〇・一・二八)

世の中のあらゆる教材の中で、最も優れた教材が木と草です。種が蒔《ま》かれて大きくなり、春になれば花を咲かせ、実を結んで主人に報いる贈り物をして消えていきます。また、毎年、より立派な枝を張り、より多く、より大きく収穫され、生い茂るのが自然世界です。（三八六―二九八、二〇〇二・七・一八）

万物は、愛する息子、娘のための自然博物館です。そのように見ることによって、自らの人生観がどれほど豊かになるでしょうか。あの松の木を見るとき、ただ青い松の木として見るのではありません。「私の愛の志操があのように青いことを願って、あのように私に見せてくれているのだ」と考えるのです。そのような観点が絶対に必要です。（一一二―三〇六、一九八一・四・二五）

皆さんが生きるにおいて、自然がどれほど有り難く接してくれたでしょうか。皆さんがどれほど世話になったかというのです。太陽の光に値段をつければ、どのくらいの値段になるでしょうか。その太陽の光を買うとすれば、いくら出さなければならないでしょうか。また、水を買うとすれば、どのくらい出さなければなりませんか。空気を買うとすれば、どのくらい出さなければなりませんか。食事を買おうとすれば、いくら出さなければなりませんか。それは、どれほど価値があるかを考えてみてください。

私の命は一時のものですが、この世界が存在するためには、太陽の光がなくてよいでしょうか。水がなくてよいでしょうか。空気がなくてよいでしょうか。なければ、すべて窒息して倒れてしまいます。それは、自然が私に与えてくれる愛の偉大な力であり、愛の偉大な供給を受けているということです。そのような手厚く温かい愛の保護圏内で私が生まれたのです。ですから、太陽が有り難く、空気が有り難く、食べて暮らす環境が有り難いのです。（一六六―二二二、一九八七・六・七）

今から皆さんは、一株の草を見るとしても、神様の立場で見なければならず、花を見つめるとしても、神様の心情に代わる立場、神様の心情に通じ得る立場で見つめなければなりません。昆虫や鳥、ある動物を見つめるときにも、神様の心情と因縁が結ばれる、そのような内的な感情を体得できなければなりません。（六一―三四〇、一九五九・六・二八）

神様を愛するときは、自分の足元から愛するのです。自分の前にある物を愛し、万物を愛するということです。愛した物を、私が生命の要素として吸収するのです。同じ、対等な愛で愛してあげなければなりません。（二九〇―一二九、一九九八・二・一五）

私たちの体と、最も近いものが自然です。ですから、私たちは嘆息する自然の願いを解いてあげなければなりません。山を愛せる人こそ、高いものをあがめられます。そのような意味で、孔子、釈迦《しゃか》、イエス様は、みな山を愛した方たちでした。

それで、統一教会の草創期には、たくさん山に通いました。一つの国の山と地と水を見れば、その国の民族性が分かります。私たちの国の水は、どこに行って飲んでも、玉水です。

外国に出ていく前に、私たちの国の自然を深く愛してあげなければなりません。自分が生まれた地を愛し得る人が、自分の体も愛せます。また、自分の体を愛せる人が自分の心を愛する人であり、自分の心を愛する人が神様を愛する人です。ですから、このような人は滅びません。また、このような人は、天も打てません。私たちは、ナイアガラの滝よりも、自分が生まれたこの地を、もっと愛さなければなりません。（一四―一〇二、一九六四・六・二〇）

一枚の紙切れであっても、これはすべて、私たちの祖先が血と汗を流して、祭物を引き継いできたその一部分です。ですから、それを抱いて愛してあげられなければなりません。道端に落ちている紙切れに対しても、「そのまま通り過ぎることはできない」と思う心情をもてば、歴史的に犠牲になった祭物たちが皆さんを見て、「有り難い」と思うのです。（一六六―七二、一九八七・五・二八）

神様は、このすべての被造万物を、誰のためにつくったのですか。人間のために、男性と女性のためにつくりました。それでは、つくった主人は、自分がつくるとき以上に喜ぶことを願ってつくったでしょうか、いい加減に扱うためにつくったでしょうか。人も同じです。自分よりもっと愛するとき、そのつくったものをあげたいと思うのです。天地を創造した神様がいるとすれば、神様が創造するとき以上に愛し、喜べば、神様は、創造したすべてを自分の代わりに与えたいと思うのです。ですから、万物を愛し、物を愛しなさいということです。これは生活に関する基本の規約です。（二六三―一六六、一九九四・八・二三）

自分がどのように生活感情を発掘するかが問題です。朝、昇る太陽に対するとき、父の喜ぶ顔のように対し、父が陰になった自分を、すべて明るく照らしてくれると思わなければなりません。その明るい姿を見て、父をお迎えして喜べる心をもたなければなりません。自然を見つめるときも同様です。自分の素性をすべて対応させて刺激させ得る生活、自然を必然的な条件として感じ、自分と関係を結ばせ、神様にまで連結させ得る生活をしなければなりません。(五九―三二二、一九七二・七・三〇)

自然のあらゆるものが永遠を約束しています。「私は、永遠に人類と共に生き残らなければならない」というそのような約束のもとで、絶えず私たちの人生のために、被造世界のために努力し続け、生きて活動していることを見るとき、これは驚くべき事実です。ですから皆さんは、一株の草をつかんで、一日中話をするのです。神様はどのようにつくられたのか、つくられるとき、神様はどのようなことを思われたのかを考えなければなりません。(八七―三一九、一九七六・六・二七)

聖塩で清める

真の父母がこの地に現れて、サタン世界に染まり、サタン世界の支配を受け、関係をもっていた物に接することはできません。神様は、その痕跡《こんせき》も願われないのです。ですから、すべて燃やしてしまわなければならないのですが、そうすることはできないので、これを神側の所有物にするための一つの方法として立てたものが聖塩です。聖塩で聖別することによって、燃やされて残ったものを、天が新しいものとして受け継いで使用するのです。これが聖塩です。（二六七―七五、一九九五・一・二）

ものを購入したときに聖塩で聖別し、外出して家に戻ってきたときも、入り口の所で自分を聖別するのが原則です。（九―七八、一九六〇・四・一二）

アダムを造っておいて、鼻に命の息を吹き入れて実体の新しい生命を誕生させたのと同じように、これからは、水を飲んだり御飯を食べたりするときには、息を吹きかけ、聖別して食べなければならないのです。心で常に、そのような聖別式をしなければなりません。（一五〇―二二二、一九六一・四・一五）

どこかに行って座る時、心の中で「フー、フー、フー」と三回息を吹く条件を立てて座るのです。聖塩をまかなければならないのですが、心の中で「フー、フー、フー」と三回吹くのです。それは、聖塩を三回まくことを意味します。（一七〇―二三三、一九八七・一一・二一）

三、食べ物

御飯を食べるとき、豚のように、祈りもできず、感謝する心がないままで食べて

はいけません。それはすべて、生き物を殺して作った祭物なのです。（二九〇―一七〇、一九九八・二・一八）

神様を愛する前に、皆さんの足元から、皆さんが食べる食べ物を愛さなければなりません。物質を愛し、万物を愛し、皆さんの体を愛さなければなりません。愛した物を食べて育った体も愛さなければならないのです。小さなところから大きなところまで万物を愛することによって、万物の要素を吸収し、私の体を愛するようになるのです。（二九〇―五三、一九九八・二・二）

皆さんが御飯を食べるとき、御飯にありがとうとあいさつもせずにむやみに食べると、世の中の御飯がすべて動員してデモを行ったら、どうするのですか。人間の口という口には入らないとストライキをしたら、どうなりますか。植物なのでそのようなことはできないのが幸いですが、もしそのようにできれば、どのようになるでしょうか。人間がそのような状況にいれば、ストライキをするでしょうか、しないでしょうか。万物も同じだというのです。（三一―二四八、一九七〇・六・四）

私はいつも空腹でしたが、いくらおなかが空いても、自分のために食べることはしませんでした。ご飯を食べるときには、はっきりした理由がなければならないと考えました。それで、食事のたびに、おなかが空いた理由を自らに問いただしてみました。「本当に血と汗を流して働いたのか。私のために働いたのか、それとも公的なことのために働いたのか」と尋ねてみました。ご飯を前にするごとに、「おまえを食べて、きのうよりももっと輝いて、公的なことに取り組もう」と言うと、ご飯が私を見て、笑いながら喜んだのです。そんなときは、ご飯を食べる時間がとても神秘的で楽しい時間でした。（『平和を愛する世界人として』八三頁）

御飯を前にするときも、「いやあ、おいしそうだ」と犬のように何の考えもなく食べるのではなく、「お父様、私がこのような食事をお父様に準備してから食べなければならないのですが、そのようにできないので、どうすればよいでしょうか」と言うのです。そうすれば、神様から「食べなさい」という命令が伝わってきます。このように感じながら暮らさなければなりません。（三三－二五八、一九七〇・八・一六）

朝食もおいしく食べ、昼食もおいしく食べ、夕食もおいしく食べなければなりません。二十四時間食べていれば、いつおいしく食べるときがありますか。習慣的にそのようにしています。それは、健康にもとても悪いのです。（一三一－二八三、一九八四・五・四）

日常生活において、悪の食べ物を食べるのか、善の食べ物を食べるのかを自分に問うのです。食べ物というのは、宇宙の共有共同の物質です。共同の価値をもった物質であることを知らなければなりません。その食べ物が話をすれば、「誰かが自分を食べれば、その人にとって善の食べ物となり、より価値のある栄養素を作ってあげようと思うのですが、悪人が食べるので、悪の栄養素となってしまいます」と言うのです。（一三一―二四、一九八四・三・一一）

利用されたとしても、愛を中心として利用されれば、気分は悪くないというのです。そのような原則の大道に従ってスプーンと箸《はし》を持ち、神様から愛の祭物として供給される食べ物を食べなければなりません。そうでなければ、食べ物が「口の中に入っていかない」と言って、ぶるぶると震えるというのです。霊眼で見ればそのようになっています。「私は悔しい」と言いながら大声で叫ぶというのです。彼らもみな、愛のために生まれたのです。（一七一―二四一、一九八八・一・二）

涙を流し、愛する心をもって食べ物に対するとき、その食べられる食べ物は、「ついにあなたの血肉になり、力になり、神様を愛し得る元素に私が吸収される、このような驚くべきことに感謝します」と言い、早く口に入っていこうと考えるのです。

牛肉を食べるとすれば、「この牛肉は、子牛のときから母親が愛し、主人が愛して育てた愛の結実だ」と考えなければなりません。愛の結実を吸収して生きていることを感謝して食べる人は、病気になりません。そのように感謝して食べると、食べる物がすべて薬になるのです。食べる物が「あなたの体の中の悪い要素を、私が入っていってすべて食べてあげます」と言うのです。

（二一七―三〇七～三〇八、一九九一・六・一二）

神様がこの食べ物を食べたとしても、私よりもっとおいしく食べることはできず、私より愛して食べることはできず、私よりもっと楽しく食べることはできないと考えながら食べなければなりません。そのようにすれば、神様が病気にかからないのと同じように、私を捕らえて連れていく人はいないのです。（二七八―一一五、一九九六・五・一）

私が、りんご一つを握って、どれほど感謝したか分かりますか。そのようなときがあったというのです。共産圏内の監獄にいたときのことです。一年に二回、りんご一個を配給してくれるのですが、分けてもらうと、普通の人たちは、もらうやいなや、がぶりがぶりと一分もたたずにすべて食べてしまいます。

しかし、私は、「この色がどれほどきれいだろうか。この色を味わおう！」、このように考えたのです。そうすると、口を開けて食べるという考えが出てきません。食べずに見ていてこそ、目の保養にもなり、香りもかいで……。食べたいと考える自分にはなっていないことを感じたのです。

それで、食べるときは、神様に祈りながら、「りんごを食べるときに、私が世界で最初にこのような考えをもって食べる」という自負心をもって食べたのです。（六七―一五四、一九七三・六・一）

四、家庭で

物の管理

真の主人は、自分の物に対して、常に神様が共にいらっしゃると考える人です。それが自分のものであると同時に神様のものだというのです。創造主《しゅ》は神様なので、真の主人は神様であり、人間は代理主人です。管理人なのです。ですから、人間は、真の主人である神様からそれらを主管する権利を委譲され、生きているときにそれを管理し、逝くときはそれを神様に返してから逝くのです。（四六―二七一、一九七一・八・一七）

今、自分がもっているもの、あるいは自己所有の財産は、自分がしばらくの間管理する過程にあるものです。つまり、皆さんは管理人なのです。各自がきちんと管理し、神様に奉献してさしあげるべきこの万物は、真の父母の懐を経て、神様の懐

に戻らなければなりません。（二三二―二三四、一九六九・六・一五）

今日、この世界を管理している主人は誰ですか。サタンです。サタンよりも劣ってはいけません。サタンよりも良い主人が来て、先祖たち以上に万物を愛さなければなりません。万物もそれを願うのです。（四六―二七一、一九七一・八・一七）

皆さんは、公的な管理を尊重視しなければなりません。物なら物を大切にするのです。先生が幼いとき、ノートを使うときには、線が引かれた部分から書くのではなく、一番上から書きました。あるときは、一ページに二度ずつ書いたこともあります。そのようにすれば、もう一冊分ノートに書くことができるのです。ですから、物を大切にしなければなりません。（三一―二六〇、一九七〇・六・四）

皆さんが服をさっと着て、一度鏡をのぞき込んで見て、こうして出ていくように、車に乗るときも、ガソリンはあるか、水はあるかなどを確認してみて、その次にギアを入れて（アクセルを）踏んで音を出してみながら、どこか故障していないか、きのうと今が違わないかとすべて音を聞いてみて、それから乗らなければなりません。そうして、どこに行くにしても、少なくとも百メートルくらい行ってブレーキを踏んでみて、故障がないか確認してから行くのです。自分の身なりをきちんと整えるのと同じようにするのです。そのようにして出発すれば、「事故が起きろ」と言っても起きないというのです。音も聞いてみるのです。音を聞くことが必要です。皆さん、そのようにしてから車に乗っていますか。（六七―一五四、一九七三・六・一）

皆さんが乗る車は、皆さんの服と同じです。服と同じように、皆さんの体と一つになったものです。ニューヨークのような所に行くと、気分が良くないことがあります。それは車を掃除（整備）して乗る人が多くないことです。押しつぶされたものを、そのまま乗り回しています。これはいけないというのです。

女性たちは朝に化粧をし、男性たちはひげをそり、姿見を見ながら後ろを見たり、こうしたりしてさっと整えて車に乗るのですが、車もそのようにして乗らなければなりません。車も相対的な価値の基準にしてあげてから、乗らなければならないというのです。

もしどこかにぶつかって傷がつけば、そこをぎゅっと握って泣くことができる心をもたなければなりません。体のどこかが激しく傷つけば、そこをぎゅっと握って泣くではないですか。同じだというのです。そのように愛さなければならないということです。そのようにすれば、車が故障しません。（六七—一五四、一九七三・六・一）

机の上をきれいに片づけておくのです。ひと月たっても、誰が手を出したのかすぐに分かります。誰かが手を出せば、すぐに分かるのです。そのような整備が必要です。（一三一—一八三、一九八四・五・四）

美化について考えなければなりません。すべてが調和しており、「一つの芸術的な部屋だ」と考えて、その中で生活するという考えが必要です。（一三一―一八三、一九八四・五・四）

家具は、きちんと管理さえすれば、一年でも、何年でもきれいに使えるのですが、一年もたたずに、一カ月もたたずにぼろきれのようにしてしまうことがあります。机も、乱暴に扱うので壊れてしまうのです。それを貴重に感じて愛することができなければなりません。家具のようなものは、一生の間管理して使えば、きれいです。そのようなことを考えなければなりません。家具を愛さなければならないのです。（一三一―一八三、一九八四・五・四）

服を掛けるときも、すべて原理的に掛けなければなりません。男性の服は右、女性の服は左です。服を置くにも男性の服は上に置き、女性の服は下に置く、というのが原理的です。そのような訓練が必要です。服を脱ぐときも、ズボンを先に脱いで、上着を上に置かなければなりません。上着を先に置くのではありません。そのような原理的な生活によって、環境を整理するのです。男性の靴は右側、女性の靴は左側、また上下にしか置けないときには、男性の靴は上に女性の靴は下に、それらをすべて原理的に整理できなければなりません。（一三二―一八三、一九八四・五・四）

二つのものがあれば、どのように置くべきでしょうか。値段の高いものを右側に置き、安いものを左側に置かなければなりません。大小二つのものを置くときは、大きなものを右側に置き、小さなものを左側に置くのです。それが原理的です。（一三二―一八三、一九八四・五・四）

掃除

人のために生きることが生活化されていなければなりません。この公式は、どこに行っても適用されます。人のために生きようとするので、朝早く起きて掃除をし、汚れている所をきれいにしてから、その日の仕事を始めるのです。（一三四―一四四、一九八五・七・二〇）

「ために生きる」とはどういうことでしょうか。十人が一緒に暮らしていれば、一番先に掃除をするのです。早朝に起き、遅く寝る人が、誰よりも一生懸命に働く人です。（一一八―一六一　一九八二・六・一三）

宇宙は何を保護するのでしょうか。主体と対象が釣り合っているものを保護するようになっています。ですから、私はどこに行ってもすぐに環境をつくるのです。心が良くないと思う環境や不便なものを片づけて、きれいにします。水道やトイレが汚れていれば、掃除するのです。（二七九―八一、一九九六・七・二四）

神様に侍っていれば、むやみに暮らすことはできません。どこかに行って座るときも、必ず掃除をして座ります。このような生活を、今まで変わらずにしてきました。（三三二―二五九、一九七〇・八・一六）

家に入っていけば、皆さんの体は神様の体です。神様の心がいつでも私の心に来ることができ、私の手がいくところには、どこでも神様の手がいくのです。ですから、皆さんが部屋を掃除するとき、「汚れてしまったが、この部屋には神様が訪ねてこられた」と考えて掃除をすれば、その手が輝くというのです。（一八八―二四四、一九八九・二・二六）

愛の相対を創造するためには、まず環境を先につくらなければなりません。どこかの村に行けば、その村の環境をきれいにするのです。堤防が壊れていればきれいに直してあげ、道が崩れていれば直してあげ、井戸が汚れていれば掃除してあげ、トイレが故障していれば直してあげながら、環境をきれいにするのです。そのようにきれいにする所に、真の愛の主体と対象の関係ができるのです。（二一八―二七八、一九九一・八・一九）

地域の教会員が集まって清掃運動をするのです。二十人くらい集まれば、落書きを消す清掃運動もでき、公園も掃除ができ、あらゆる所を掃除できるというのです。（九七―二三三、一九七八・三・一五）

学校の教室のような所は、自分の服と同じです。そこを掃除するのは、自分の仕事だと考えなければなりません。（一〇〇―九三、一九七八・一〇・八）

五、お金を大切に使う

お金の使い方

皆さんはお金をもつとき、お金の愛の主人になりたいと思いますか、お金の権力の主人になりたいと思いますか。お金は必要ですが、全体のために、愛を実現するために必要なのです。（二一六―一八、一九八一・二・一）

私の家庭より、まず民族のために与えてから家庭のために与えようとすれば、神様は私の家庭と私に福を下さるのです。神様が私の息子、娘に食べさせてくださるのです。私が与えようとしても、そのようにする必要がありません。そのように、自分のすべてのものを犠牲にして、自分にある財産すべてを国のために与え、世界のために与え、犠牲にしていく群れがいれば、彼らは自動的に福を受けるようになっています。（二六―五二～五三、一九六九・一〇・一八）

私がお金を稼いでも、自分では使いません。それは、天のための公的な理念を中心として稼ぐものであり、天運に従い、天運が支える天の解怨《かいおん》と人類の解怨を成就するために稼ぐお金なので、それはいくらでも天が協助してくださるのです。（一五八―二〇五、一九六七・一二・二七）

お金を大切に使わなければなりません。一円のお金でも大切に使わなければならないというのです。間違って使えば、国の一片が消耗し、世界の一片が消耗するというのです。そのようなことを理解して、皆さんは物を大切に使わなければなりません。また、服も大切に着なければなりません。節約という言葉が、ここから始まるのです。（七八―三四〇、一九七五・六・一〇）

お金を節約するとき、自分が金持ちになるために節約するよりも、国を生かすために節約することのほうが公的です。自分が金持ちになるために節約するのではありません。国を生かすために節約するのです。（二一一—二五六、一九八一・二・二二）

献金

献金とは何かといえば、世界のために、神様のために祭物として使うものです。お金は、万物を身代わりするものなので、そのようにすることによって、すべての万物が嘆息することなく、天のみ国に行ける道が開かれるのです。（一二五—一八八、一九八三・三・二〇）

十分の一献金は何かというと、「一」をもって「十」とみなすのです。もし皆さんが、父母の誕生祝いや還暦祝い、あるいは王の誕生日を迎えて祝賀してさしあげるために、牛を屠《ほふ》り、豚を屠り、あるものないものすべてつくって捧げたとき、その方たちがそれをすべて食べますか。食べません。受け取ることはすべて受け取りますが、すべてを食べることはできず、ほんの一部しか食べられません。しかし、このように少ししか召し上がらなくても、すべて召し上がったという条件が立てられるのです。

これと同じように、十分の一献金は、所有している物の十分の一を神様に捧げることによって全体を捧げる、という意味をもっています。父に全体を捧げるのではありませんが、その中の十分の一を精誠を込めて捧げることにより、残りの十分の九も聖なる物として取り扱えるようになります。このように十分の一献金を捧げて生活する人は、絶対滅ぶことがありません。日がたてばたつほど、倉庫がいっぱいになっていくのです。（三一―二三九、一九七〇・六・四）

皆さんが十分の一献金をするとき、精誠を尽くして十分の一献金をしてみてください。絶対に飢え死にしないというのです。その子孫が物に関して窮乏しないというのが原則です。十分の一献金を捧げるために精誠を尽くすのです。それが信仰の本質です。（六三―三三八、一九七二・一〇・二二）

精誠を尽くし、恩恵を受けていく代価として感謝献金をするのです。父母がポケットに入れておいたそのようなお金を、そのまま捧げることはできません。そのようなお金は、天が願わないのです。自分で三日間以上身に付けて、聖別してから献金しなければなりません。（一六六―三一八、一九八七・六・一四）

皆さんが教会に献金するとき、どこかで何かを買って食べて、残ったお金を献金しようと考えてはいけません。そのようなお金は、汚れてしまったものです。また、市場に行って、何かを買って残ったお金で献金をするようになっても、神様は、そ

こに共にいらっしゃらないのです。(四八―八六、一九七一・九・五)

節約

物を大切にして、節約して、苦労して何をしようというのですか。後世のために良いことをしようというのです。(一〇九―一〇四、一九八〇・一〇・二六)

皆さんは、万物に対するとき、「その万物で自分の息子、娘を育てよう」と考えますが、「その万物で国を生かそう、世界を生かそう」と考えなければなりません。万物に対するとき、その万物が小さかったとしても、「世界のために与えよう」と考えて精誠を尽くす人と、その万物を握って「自分の息子、娘のために残してあげよう」とする人を神様が御覧になるとき、どのように思われるでしょうか。(三五―二八三、一九七〇・一〇・二五)

自分が節約し、お金を稼いで一銭も使わず、財布にあるお金まで集めて人のために使おうと考えてみるのです。そのようにしてから自分の息子のために犠牲になり、自分の夫のために生きるのです。それが本当に愛するということです。このようにする私たちの家庭を中心として、社会のために、世界のために奉仕し、世界のために愛するのです。（一二一—一七八、一九八一・二・一五）

物を愛し、その次に人を愛さなければなりません。ともすれば、争いもし、不平も言い、自分に不利であれば何だかんだと言い、様々な事件がたくさんあるというのです。そのような生活の中で、ぐっと耐えて、「よし！　愛しているから我慢しよう」という訓練をしなければなりません。

そのように自分が節約し、お金を稼いで一銭も使わず、財布にあるお金まで集めて人のために使おうと考えてみるのです。そのようにしてから自分の息子のために犠牲になり、自分の夫のために生きるのです。それが本当に愛するということです。このようにする私たちの家庭を中心として、社会のために、世界のために奉仕し、世界のために愛するのです。そのようにすれば、その伝統が皆さんの社会に立つのではないでしょうか。（一二一―一七八、一九八一・二・一五）

妻は夫のために、子女は父母のために、また父母は家庭のために、おじいさんとおばあさんも家庭のために、孫も家庭のために、このようにお互いが愛でために生きることが幸福なのではないですか。

すべての食口《シック》（家族）たちが、自分のものにしようと努力するのではなく、自分たちのものにしようと努力し、おじいさんも使わずに節約して自分たちのものにしようとし、お父さんとお母さんも、自分のものにするためではなく、自分たちのものにするために使わずに節約し、息子、娘もそのようにして、家族全員が自分たちのものを拡大させるために努力するその家は、繁栄するでしょう。

ですから、お金を使わずに節約し、全体のために生きるところから、このような愛のすみかが拡大されるのです。このような家庭を中心として、社会や世界に広がっていくようになるときに、理想実現が可能なのです。（一六七―二一四、一九八七・七・一九）

どのように節約できるでしょうか。より節約できる方法を誰かがコーチしなければなりません。捨てなくてもよいものをたくさん捨て、消耗しなくてもよいものをたくさん消耗しているのです。世界のために、神様のみ旨のために、この国の復帰のために、一円でも節約できる道を、今から模索しなければなりません。経済的管理において、より一層節約できる方法を私たちは開拓しなければならないというのです。（七七―三二、一九七五・三・二三）

「統一教会の青年は何をする人ですか」と尋ねれば、「酒を飲まず、たばこを吸わず、とてもさわやかで、節約します。退廃した若者ではなく、節約して世界を助けます。これが統一教会の青年です」と言えば、どうなるでしょうか。この運動をすれば、世界はどのようになりますか。（一一八―一〇八、一九八二・五・九）

歯を磨いて洗顔するとき、水を流しっぱなしの人がたくさんいます。ひげをそるときもさっと使い、すぐに水を止めるのです。そのような習慣をつけなければなりません。いかに水を浪費しているでしょうか。生活する中で、いかに浪費して暮らしているかを考えるのです。（一三一―二八三、一九八四・五・四）

私は、トイレを使っても、できる限り水を流さないようにします。二回、三回してから流そうとするのです。そのように一日に三度節約すれば、何リットルになりますか。アメリカの国民一人一人がそのようにすれば、二億四千万リットルの何倍にもなるので、ものすごい量です。（一三一―二八三、一九八四・五・四）

一日に何リットル飲むのか、ということも決めなければなりません。できる限り決めなければなりません。今からは、飲料水を飲むとき、「もう一度、改めて世界のことを考えてから飲まなければならない」、このように考えなければなりません。私は水が一番好きです。水の味を知っているのです。水が本当に好きです。そのようなものをできるだけ節約しなければなりません。（一三二―二八三、一九八四・五・四）

私は、特別な公の席に出る以外にはネクタイを結びません。できる限り結ばないで歩くのです。飲料水も、できる限り飲みません。なぜでしょうか。それを節約して、空腹な人を助けてあげようと考えるからです。（一六九―三二一、一九八七・一一・一）

毎日のようにふろに入っていては、国の水道料だけでも、どのくらいになりますか。それを節約して、後代において何千万人に奨学金を出せば、世界に大人物が、どれほど大勢出てくるかということを考えてみてください。（二二〇―三二六、一九九一・一〇・二〇）

物を節約しなければなりません。節約して、一年に二千万人ずつ飢えて死んでいく人たちを助けてあげるのです。私が今、その伝統を立てるのです。トイレに行って手を洗わなかったからといって、どうかなるわけではありません。御飯を食べるわけでもないのに、何をするために三回も洗うのかというのです。一日に三回ずつ洗うその水を世界的に合わせれば、どれほど多いでしょうか。

私がなぜこのような話をするのかというと、節約しなさいということです。トイレからそのまま出てきたからといって、何かにおいがするわけでもないのです。ザーッと水を流すのが習慣になっています。女性たちは、やたらと「洗顔して」、「手を洗って」、「体をふいて」と言うでしょう？　節約しなければなりません。（二四二―二九五、一九九三・一・二）

飢えて死んでいく人を考えて節約すれば、天運が保護します。（二二〇―一七三、一九九一・一〇・

一九）

皆さんは、できるだけ、御飯を食べる時だけ食べて、それ以外は食べないようにしなければなりません。そして、節約して、外国を助け、隣人を助ける運動を生活化させなければなりません。それが必要なのです。アフリカやかわいそうな人たちを考えて、アメリカの国民の一人でも節約し、一日に一ドルずつだけ集めれば、二億四千万ドルになります。ものすごい額です。（一三一―二八三、一九八四・五・四）

世の中の息子、娘、兄弟たちはけんかしますが、私たちは、世界超民族的で超人種的に集まってもけんかせずに一つになれる伝統を立ててこそ、天の民の資格をもつのです。食事も、一緒に作って、一緒に食べるのです。節約するというのです。そして、かわいそうな人たち、飢えて死んでいく人たちを、すべて救ってあげなければなりません。（二五五―七四、一九九四・三・五）

六、世界と地球

地球環境

私たちの世界は、深刻な環境危機に直面しています。環境汚染と自然破壊は、神様が創造された美しく神聖な世界を冒瀆《ぼうとく》するのと同じです。真の愛のない人は、自然世界を単純に利己的な利用物とばかり考えるだけです。堕落がもたらした深刻な結果の一つは、アダムとエバが神様の真の愛を相続できなくなることによって、人々や動植物や地を正しく愛することができなくなったことです。万物は、人間の真の愛を待ち焦がれています。（二七一―七五～七六、一九九五・八・二二）

この地上が荒廃していくのを防がなければなりません。毎年、砂漠が増えています。木がないからです。私たち統一教会は、神様が創造したように、種という種はすべて手に入れ、根という根はすべて手に入れ、枝を切って森林を育成し、この地上に万物を創造した神様の創造の愛を身代わりして植えなければなりません。国土を保護しなければなりません。国土は何かというと、草木があり、動物がいて、それから人間がいなければなりません。これが廃墟《はいきょ》になれば、人生は自動的に廃墟の歴史になるのです。

創造理想の目的が埋没せざるを得ない運命におかれているので、私たちは神様を愛し、神様の国を愛すると同時に、神様の主権を愛すると同時に、神様の国民を愛し、神様の地を保護し、万物全体を再創造して神様の創造理想世界の豊かな解放的自然世界をつくらなければなりません。（三〇四—二五四〜二五五、一九九九・一一・八）

世界平和

奉仕するこの生活が、教会だけで終わるのではなく、世界に対してもこのような生活をしなければならず、人類のためにもこのような奉仕生活をしなければなりません。教会のためにするのではありません。神様と人類のために生きる訓練を教会でするのです。（九四—二三五、一九七七・一〇・二）

人類を苦しめる最も大きな問題は、私が洞察したところによれば、正に家庭の価値を破壊する不倫と退廃の問題です。道徳的退廃こそ、人類を苦痛と絶望のどん底に陥れる罪です。

未来の世界は、家庭の純潔を保存し、家庭の価値を守護する道徳律が定着するかしないかによって、天国と地獄の岐路に置かれるようになるでしょう。世界各国が共に悩む青少年の退廃と、絶えず起こる麻薬犯罪、増加する家庭破壊と離婚、エイズの猛威、性犯罪などを政治権力で解決することができるでしょうか。現在の学校教育や宗教的教えでも解決できずにいるのです。

すべての家庭の悩みが解決できない社会が、経済的に豊かになって何をし、政治的に自由になって何をするのでしょうか。人類は今、家庭の価値を守護し、高揚できる教えと、その方法を探し出さなければならない時に来ています。（二八八—一三九、一九九七・一一・二六）

私が生涯を通して尽力してきたすべての内容は、父母であられる神様の前に、世界人類は兄弟姉妹であり、一つの家族であることを確認することでした。人類は、人種や民族、国境を超越し、父母であられる神様を中心とする家族です。（二三四—二四七、一九九二・八・二四）

理想的な社会や国は、すべての人が国境と皮膚の色を超越し、相互協力と調和を成し、幸福に生きていく社会です。この社会は、人々が唯一なる神様の息子、娘であることを自覚し、真の父母を中心として一つの兄弟となった大家族社会であり、そこは血統と所有権と心情を復帰した祝福家庭が、真の父母の言語、真の父母の文化のもと、自由と平和と統一の世界を成し遂げるところです。そこにおいて人々は、神様の心情文化の中で共生、共栄、共義の生活をするようになるでしょう。（二六九―一五五、一九九五・四・一七）

七、伝統と文化

一つの愛、一つの生命、一つの血統、この三つを中心とするようになるときに伝統が立てられます。それでは、その伝統は、どのようにつくられるのでしょうか。文化によってつくられるのです。それでは、文化は何によって代表されるのでしょうか。それは言語です。一つの言語が一つの文化をつくり、一つの文化が一つの伝統をつくるのです。また、一つの伝統は、一つの生命と一つの愛、一つの血統をつくるのです。二つではなく、絶対的に一つだというのです。(二一五―一七六、一九九一・二・一七)

言語が異なれば、父母のすべての心情的基台が通じません。通じないというのです。それは、誰がそのようにしたのですか。サタンがしたのです。私たちは、これを克服しなければなりません。(二三五―三四一、一九九二・一〇・二六)

言語が統一されたとすれば、どれほど近くなるでしょうか。日本と韓国が一緒に出会ったとしても、言語が通じない場合には北極と南極と同じです。言語が一つだとすれば、どれほどよいでしょうか。(一九二―九七、一九八九・七・三)

人類の最初の先祖が神様と交わした言葉を、神様も自分の言語だと考え、子女も自分の言語だと考えるのです。それによって結ばれた夫婦関係によって、愛を中心

とする様々な言葉が出てくるのです。（一九二―九七、一九八九・七・三）

言葉が通じなければ、真の意味で心情も通じず、血統も通じません。責任も完遂できません。真の父母が使う言語が、真の言語です。（二一〇―一八一、一九九〇・一二・一九）

韓国語は、誰が使っている言葉ですか。真の父母が使っている言葉です。真の父母からすべてのものが始まるので、それによって連結される文化圏や子孫の生活圏では、それと同じ文字、同じ言葉に対する実力がなければなりません。それが伝統的な道です。（一九〇―二二七、一八九・六・一九）

神様を中心として見るとき、アダムとエバは長子です。また長子であると同時に実体の父母であり、この地上の王でした。ですから、本来はアダム文化一色であり、単一民族だったのです。言語も一つであり、文化も一つです。その文化は、愛を中心として表現できる言語によって成されるので、その言語は、言語学的観点から見るとき、世界最高の形容詞と副詞を備えています。ですから、韓国語は、天をお迎えできる内容の言語です。（二一〇—三六〇、一九九〇・一二・二七）

言語を統一して何をするのですか。先生をはっきりと知ることです。先生をはっきりと知ろうとすれば、先生が一生の間投入し、精誠を尽くして語ったみ言をすべて解読できなければなりません。先生の説教集が二百巻を超えます。これをすべて原語で読まなければならないというのです。（二一二—二〇七、一九九一・一・一三）

アダム家庭の三代から受け継いだ言葉は、アダムとエバが使っていた言葉であって、ほかの言葉ではないということを知らなければなりません。ですから、天の国の皇族になるためには、父母たちが早く言語を学び、子女を教育しなければなりません。（二六八—一二一、一九九五・三・三一）

八、感謝する生活

信仰生活の本質とは何でしょうか。神様に感謝する心です。そのような心があるとき、それが、堕落の因縁を越えて神様と私が一つの因縁で結ばれる基になるのです。自分がこの世の中で良い立場に立って、初めて感謝しなければならないのですか。違います。今まで神様は、良いときだけ私たちのために苦労してこられたのではありません。困難なときであるほど、より苦労することを誓われたのです。ですから、今日の私たち自身も、神様を私の父として侍るためには、私の代わりに働かれ、闘ってこられた神様に、良い立場で感謝することよりも、困難な立場でより一層感謝しなければなりません。（二九―二三八、一九七〇・三・一四）

天国へ行くか、地獄へ行くかは、自分自身が決定するのです。文《ムン》先生が決定するのでもなく、神様が決定するのでもなく、自分が決定するのです。不平を言えば地獄であり、不平を言いたい時に感謝していけば天国に行くのです。（九六―一二二、一九七八・一・二）

忍耐して辛抱するだけでは足りません。忍耐と辛抱だけして、「ああ、大変だ」と言ってよいでしょうか。忍耐して辛抱したとしても、忍耐して辛抱していないかのように感謝する心と、賛美する心をもつのです。不平を言いながら忍耐すれば、神様が来る途中で逃げていかれます。忍耐して辛抱するときは、感謝する心が必要です。感謝する心がなければ、忍耐することができません。感謝する心が支柱になれなければ、忍耐したとしても、そこには神様が一緒にいることができません。（四四―二八～二九、一九七一・五・四）

神様は、私を救う立場にいらっしゃるので、私よりもっとかわいそうな方です。私よりも神様がもっとかわいそうな立場にいらっしゃるのです。子女が父母の前で死んでいくとすれば、当然子女もかわいそうですが、その子女を見つめる父母はもっとかわいそうです。もし子女が、死んでいく場でも、父母を慰労し、父母に無限の感謝を捧げて孝を尽くしたとすれば、父母の悲しみ、父母の苦痛、父母の悲惨さを埋めることができるのです。

それと同じように、神様と私を中心として見てみるときも、私よりもっとかわいそうな方が神様ではないでしょうか。いつ神様が私に感謝できる日があるのでしょうか。神様が私に感謝できる日をもてなければ、私たちがいくら神様に感謝を捧げたとしても、それは私だけで終わる感謝であって、神様と一つの目的を中心とする感謝として実を結べません。

それでは、私よりも神様が感謝できるところは、どのようなところでしょうか。それは孝行するところしかありません。では、その孝行するとは、どういうことでしょうか。父母が悲しむことに対して、子女が先に悲しむということです。そのときに父母は、その子女を無限の希望の実体、自分のすべての命に代わる価値の存在として立てたいと思うのです。そのように思いながら、父母は子女に感謝します。環境が困難であれば困難であるほど、父母は、それ以上の感謝の念を感じるのです。
（二九―三三八、一九七〇・三・一四）

いくら孤独な場でも、感謝する生活ができる人にならなければなりません。感謝する心で生きなければ、霊界に行って天法に引っ掛かるようになります。感謝して喜べる福を受け、それを万民に分けてあげ、彼らも喜んで感謝するようにしてあげなければなりません。

「神の国は、実にあなたがたのただ中にあるのだ」（ルカ一七・二一）とイエス様が語られたように、感謝できる心で天国を成せなければなりません。感謝する心がなければ、天国に行けません。（一八―一三七、一九六七・六・一）

信仰生活は、必ず第三者の立場から抜け出さなければなりません。皆さん自身を中心として信仰生活をするのです。それゆえに、信仰生活をする人には、人がどうであろうと、自分一人が守っていくべき信仰の道があるのです。天を中心として感謝できる生活であり、一人で満足する生活ができなければなりません。世の中がどんなに悪くても、天地を見つめながら、「感謝します。私は幸福です」と言える信仰生活をしなければなりません。（一五三―一三六、一九六三・一一・一五）

〈文鮮明《ムンソンミョン》先生の祈り〉

お父様！
私たちがお父様の精誠を知る子女なら、
心苦しい気持ちで、
ひれ伏すまいとしてもひれ伏さざるを得ないことでしょう。

朝の食膳《しょくぜん》に向かう場で、
「私」がこの御飯を食べて何をするのかを、
自ら尋ねる自分となるようにしてくださり、
昼の食膳に向かうときには、
今まで「私」が何を残したかと、

恥ずかしい姿で自責する自分となるようにしてくださり、
夕べの食膳に向かうときには、
一日を清算するに不足のない一日を送ったかを、
自問できる自分となるようにしてください。

お父様のものとして一日を始め、
お父様のものとしてこの時間まで来たのか、
価値ある一日を残せたのかを考え、
惜しむ心でお父様に涙をもって謝罪し、
床に就くことのできる子女たちとなるようお許しください。

私たちは
感謝する生活をしなければなりません。

歴史的な悲しい恨みの御心情を抱いてこられたお父様に、
孝の中の孝の道理と、忠の中の忠の道理を
全うすべき私たちであることを知るものです。

ここで私たちが
恨みと不平をもっては、
その立場に立つことができないことが
分かるようにしてくださり、
不平をもつような自分を発見することを
恐れるようにしてください。

私たちの体が疲れて、
耐えられないほどの立場にいるとしても、

お父様はこれよりもっとひどい受難の道を克服してこられつつ、
私たちを慕ってこられたという事実を思いながら、
私たちがこの受難を越えてくることができてこそ、
お父様の悲しい過去を
慰労してさしあげる子女となり、
行くべき自分として聖別して、
お父様のみ前に
祭物として完全に捧げられる
子女とならなければなりません。

私たちは感謝して生活することしかありません。
妻が不足だとしても、
生涯を通して奉仕できるその何かがあるので、

その妻を下さったことに感謝しなければならず、
あるいは子供が「私」に十字架の一生をもたらしたとしても、
その立場を準備してくださったことに感謝しなければならず、
環境が「私」を絶望のどん底に追い込んだとしても、
「感謝して倒れよう」と言える子女となるよう
お許しくださいますことを切にお願い申し上げ、
真の父母のみ名によってお祈り申し上げました。アージュ。

（一九七〇・三・一四）

文鮮明先生み言集

真の愛の生活信条・愛天愛人愛国

2010年11月11日　初版第１刷発行
2017年11月20日　　　第８刷発行

編　集　世界平和統一家庭連合

発　行　株式会社　光　言　社
〒150-0042　東京都渋谷区宇田川町37-18
電話　03-3467-3105（代表）
https://www.kogensha.jp

印　刷　株式会社　ユニバーサル企画

ISBN978-4-87656-344-9

2010000129173